세계도시에서 15분 도시로
도시에 살 권리

Cet ouvrage, publié dans le cadre du Programme d'aide à la Publication Sejong, a bénéficié du soutien de l'Institut français de Corée du Sud - Service culturel de l'Ambassade de France en Corée.

이 책은 주한프랑스대사관 문화과의
세종 출판번역지원프로그램의 도움을 받아
출간되었습니다.

AMBASSADE DE FRANCE EN CORÉE Liberté Égalité Fraternité	주한 프랑스 대사관 문화과

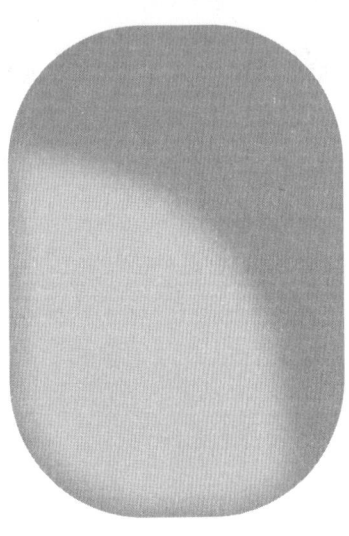

DROIT DE CITÉ: De la « ville-monde » à la « ville du quart d'heure »
by Carlos Moreno

Copyright © Editions de l'Observatoire/Humensis, 2020

All rights reserved. This Korean edition was published
by jeongye-c-publishers in 2023 by arrangement with HUMENSIS
through KCC(Korea Copyright Center Inc.), Seoul.

이 책은 (주)한국저작권센터(KCC)를 통한 저작권자와의 독점계약으로
정예씨 출판사에서 출간되었습니다. 저작권법에 의해 한국 내에서
보호를 받는 저작물이므로 무단전재와 복제를 금합니다.

세계도시에서 15분 도시로

도시에 살 권리

카를로스 모레노 지음
양영란 옮김

JEONGYE-C
PUBLISHERS

책머리에

이 책은 도시의 미래를 위한 혁신적이고 희망적인 내용을 담고 있다.

카를로스 모레노에 따르면, 시민권(droit de cité)이란 도시에서 살 권리를 뜻한다. 얼핏 보기에 더할 나위 없이 단순한 이 권리는 무엇을 함축하는 걸까? 그는 우리에게 근본적으로, 밀도(density)와 거리(distance)를 따로 떼내어 생각하라고 요구한다. 밀도란 도시가 지닌 미덕이며, 거리는 반대로 도시의 해악이다.

밀도는 밀집된 도시 지역에서 경제와 혁신에 따른 파급효과를 보장해준다. 경쟁과 협력의 주역들이 밀집한 총체로부터 시너지 효과가 나타나고, 그렇게 되면 모든 것이 부분의 합보다 더 커지기 때문이다. 밀도는 각기 다른 사람들이 물리적으로 함께 하면서 그들의 존재로 말미암아 서로에게 자극제가 됨을 뜻한다. 밀도는 또한 민주주의의 선행 조건이기도 하다. 고대의 광장(agora)에서 그랬듯이, 현대 도시의 주민들도 논거를 제시해가며 토론을 벌이기 위해서는 한 장소에 집결해야 한다.

거리는 도시가 지니는 해악이다. 도시가 확장되고 분리될수록 불평등은 커진다. 부자들은 그들의 권력을 영토화하고 균질화하며, 이를 집중화하는 반면, 가난한 사람들은 체계적으로 홀대받거나 내몰린다. 거리는 공간 안에서 계급과 인종, 문화를 갈라놓기 때문에 정체성을 강화하고 고착시킨다. 사람들은 분리되어 그들이 '속한' 곳에서 산다. 또 일단 그렇게 되면 그 상태를 자유롭게 벗어날 수 없다.

현대 도시에서 밀도는 거리에 종속되어 왔다. 카를로스 모레노는 이제 그 관계를 전복시키자고 제안한다. 그의 '15분 도시'는 단순히 보행자나 자전거 이용자의 접근성 이상을 제안하며, 미래의 도시 권력지형을 완전히 바꾸고자 한다. 밀도를 분산시킴으로써 권력을 보다 공평하게 분배하자는 것이다.

현대 도시는 다양한 전선에서 도전받고 있다. 그 전선들은 그저 변화와 성장만으로 뛰어들기엔 너무 복잡하고 광범위하다. 하지만 이 책은 이러한 문제들의 폭과 깊이를 본질적이고 인간적인 잣대로 측정한다. 도시에 거주한다는 경험은 곧 도시가 지닌 복잡성을 벗어나려 애쓰기보다 그 복잡성 안에서 살아가는 것이므로.

리처드 세넷
런던 정치경제학교
유엔 해비타트 도시계획위원회 의장

차례

책머리에 5

들어가는 말 | 시민권, 도시에 존재할 권리 9

1. 살아있는 도시 19
2. 기후 위기 41
3. 도시의 복잡성 63
4. 도시 향유권 81
5. 지속 가능한 대도시 105
6. 현실에 입각한 근접성 127
7. 대전환 149
8. 유비쿼터스 도시를 향하여 169

결론 | 코비드-19와 더불어 오늘을 살아가기 189

읽고 나서 199

감사의 말 203

들어가는 말

시민권, 도시에 존재할 권리

나는 거의 백세의 나이로 세계적 사상가로서 명성을 얻고 있는 에드가 모랭에게 먼저 경의를 표하고자 한다. 그는 내 삶의 궤적에 빛이 되어준 스승이다. 2018년 9월, 도시 만들기 세미나를 준비하면서, 운 좋게도 파리의 복잡성과 도시 생활에 관한 그의 견해를 녹음할 기회가 있었고 그 내용은 미발표 상태로 남아있었다. 그러므로 나는 그의 동의를 얻어, 그때 채록한 그의 말 – 내가 이 책에서 다루려고 하는 문제의식을 잘 요약해 준다 – 로 이 책을 시작하려 한다.

"하나의 복잡한 인식과 사고는 오늘날엔 분리되고 칸막이가 되어버린 인식들의 연결을 필요로 한다는 고유성을 지닌다. 그러니 이것들을 어떻게 연결해야 할지 그 방법을 알아야 하는데, 이야말로 문제 중의 문제다. 우리에게 첫 번째로 요구되는 사항은 맥락화로, 도시를 복잡한 특성 안에서 이해해야 하며, 그보다 광범위한 국가적인 맥락, 나아가 지구적인 맥락에서도 봐야 한다는 것이다. 오늘날의 도시들, 특히 대도시들은 즉각적인 통신 수단에 의해 상호 연결되어 있기 때문이다. 현 시점에서는 환원적 사고가 지배적이다 보니 사람들은 도시를 오로지 축, 도시계획, 교통 흐름 등의 문제로 축소한다. 하지만 인간과 관계된 문제를 그렇게 축소해서는 안 된다. 우리는 도시를 도시가 갖는 모든 양상 속에서 바라보아야 할 것이다. 도시의 고유성은 그 안에서의 삶이 지니는 긍정적이고 부정적인 특성의 총체로 간주되어야 한다. 도시는 상호작용뿐만 아니라 반작용, 역작용의 총체이다. 마찬가지로, 각 개인이 사회 안에 존재할 뿐 아니라, 사회가 개인 안에 존재한다고도 말할 수 있다. 그러니까 우리가 도시 안에 존재할 뿐 아니라, 도시 또한 우리 안에 있다. 따라서 도시에서는 상반되는 요구 사항들에 의연하게 대처해야 하며, 특히 대처하는 방법을 알아야 한다. 사물이며 상황을 서로 연결하는 것만으로는 충분하지 않다. 당연히, 적절한 연결 방법이 필요하다. 그리고 그 방법이란 갑자기 떠오르는 것이 아니다. 나는 이 복잡성 연구 방법을 가다듬기 위해 수 년 동안 노력했다. 요컨대 직면한 문제들, 특히 도시문제들에 대해 성찰할 수 있으려면 머릿속에 몇몇 원칙을 단단히 장착해야 한다."

---

1   내일의 도시 만들기: 도시 복잡성에 접근하는 방식, 도시경관협회, 파리 제1대학교(팡테옹 소르본) 비즈니스 스쿨(IAE 파리)의 '기업가 정신·지역·혁신(ETI) 연구소, 북인문학연구소, 2018. 9. 14.

도시는 오늘날 무수히 다양한 형태로 전 세계 인구의 절반을 품안에 아우르고 있다. 사람들을 생활공간과 이어주는 도시는 인류의 이야기가 담긴 영원한 서사시를 다른 어느 누구보다도 더 효과적으로 들려주는 증인이다. 기원전 5천년 무렵부터 벌써 계획성과 조직력을 발전시켜온 인간 집단의 흔적이 나타난다. 이 흔적은 가령 메소포타미아와 나일강, 요르단강, 갠지스강 주변, 인더스강 계곡, 발크강 연안, 황허 또는 멕시코 계곡, 에트루리아 등지[2]에서, 그후에는 로마와 고대 그리스처럼 어느 정도 '도시'라는 개념을 처음 고안해낸 곳에서 관찰된다.

도시의 탄생[3]은 항상 농업의 발생, 즉 농토와 도시 공간이라는 복잡한 이원성이 생태계와 맺는 관계와 밀접하게 연관되어 있다. 도시의 근원을 거슬러 올라가면 정착 생활과 만나게 되는데, 여기엔 농업 재배, 잉여 생산, 수공업 생산, 물물교환 거래, 그리고 규제를 위한 행정, 질서 준수와 영토 보호를 위한 군대, 정신의 초월을 위한 종교 행위 등과 같이 노동 분업에 따른 새로운 사회적 기능 등이 수반된다.

도시(ville)라는 단어는 라틴어 '빌라(villa)'에서 파생된 것으로, 그 어원만 살펴보아도 물리적인 구현임을 알 수 있다. 빌라, 즉 5-6세기 무렵에 서로 인접해 지어진 50여 채의 건물들

---

[2]   최초의 인간 집단거주지로는 우루크, 우르, 바빌론, 멤피스, 스키토폴리스, 데카폴리스, 바라나시, 하라파, 발크, 추, 테오티와칸, 에트루리아의 도데카폴리스 등이 있다.

[3]   Charles Delfante, Grande histoire mondiale de la ville, de la Mésopotamie aux États-Unis, Armand Colin, 1997.

로 '시골집, 농장'을 뜻한다. 우리는 '빌라' 또는 '마을(village)'에서 현대적인 도시(ville)에 이르기까지, 이러한 과정에서 드러나는 하나의 영토와 영토 자원의 분배에 따른 동기의 진화, 형태의 진화 등에 대해 질문해볼 것이다. 고대 그리스에서 영토를 나누어 갖는다는 것은 공동생활 규칙 및 정해진 집단생활 방식과 더불어 공동의 계획까지 공유함을 의미했다. 이러한 공유는 하나의 장소, 명확한 사회 조직 속에서 진행되는 하나의 구체적인 계획과 연결되었으며, 그것이 폴리스(polis)(시민을 뜻하는 라틴어인 civitas에서 파생된 cité가 여기에 해당된다)이다. 폴리스는 물리적인 집합 장소라기보다, 아리스토텔레스가 《정치학》에서 사용한 표현을 빌자면 '정치적 동물들'의 공동체, 곧 자율적인 방식으로 '잘 살기' 위한 자유 의지에 따른 연대를 뜻한다.

폴리스와 정치적 동물들은 공동생활 규칙을 중심으로 결집하며, 이상을 추구한다는 목표로 결속되고, 가령 정의 같은 덕목들에 의해 활성화된다. 시민들은 규약과 법을 준수하고 폴리스에 대한 시민으로서의 소속감을 구체화함으로써 정치적 강화, 즉 '함께 살기'를 공고히 하는 일에 적극적으로 참여한다. "이 목표는 시민들이 으뜸으로 여기는 자산이며, 자급자족이 이들에게는 목표이자 행복이다."[1] 이 같은 폴리스가 하나의 장소에서 구현되는 건 사실이지만, 그렇다고 폴리스가 영토에 의해, 영토의 지리적 지위에 의해 존재하는 것은 아니

---

1 Aristote, Politics.

다. 아테네 또는 스파르타의 사례에서 보듯이, 지리적 지위가 폴리스의 토대를 이룬다고 해도 그 점은 달라지지 않는다.

도시는 언어 구사 능력을 구비한 생각하는 인간들, 자유의사에 따라 공동의 장소에서 생활 규칙을 공유할 것을 받아들인 자들이 있음으로써 존재하며, 아리스토텔레스는 우리에게 그 사실을 지적한다. "인간이 꿀벌을 비롯하여 무리지어 사는 다른 동물들에 비해서 무한히 사회적인 것은 자명하지만, 자연에서 이유 없이 이루어지는 일이란 없기 때문이다. 그런데 자연은 인간에게만 언어를 허락한다. 음성만으로도 어쩌면 기쁨과 고통을 표현할 수 있을 것이다. 다른 동물들도 음성은 타고 났고, 그 덕분에 동물들도 이 정서들을 느끼고 서로 소통할 수 있다. 하지만 언어는 선과 악을, 그에 따라 공정과 불공정 등을 표현할 수 있도록 짜여 있다…" 이런 까닭에 사람들은 '아테네인의 도시' 또는 '라케데모니아인(스파르타 주민)의 도시'라는 말을 한다. 이는 '도시' 자체, 그리고 도시라는 말의 어원이 가리키는 장소, 집, 물리적 현존을 넘어서는 생활방식이 존재하고 있음을 의미한다.

'빌라(villa)'에서 '도시(ville)'로 넘어가는 변증법은 21세기, 즉 도시의 세기, 초연결의 세기를 살고 있는 우리의 삶 속에서도 여전히 건재한다. 규모가 작든, 중간쯤 되든, 크든, 도시권역, 대도시, 초거대도시들은 끊임없이 우리에게 도시 공간, 국토, 생태계, 도시 형태, 그곳에서 통용되는 규칙, 규범, 관습들 사이의 관계에 대해 묻고 또 묻는다.

지금으로부터 오백 년 보다 조금 더 오래 된 시기에 토마스 모어는 완벽한 생활방식을 지닌 하나의 영토, 혹은 하나의 도시라고 할 수 있는 어떤 것을 상상하고, 그 곳의 구성요소들이며 규칙과 관습 하나하나를 꼼꼼하고 세세하게 규정하고 묘사했다.[1] 이 완벽한 공간은 하나의 섬에 위치했는데, 그 섬이란 사실 그 어디에도 존재하지 않는 일종의 비장소(non-places)이다. 토마스 모어의 저서에 등장하는 이 섬의 이름은 그리스어로 장소를 뜻하는 '토포스(topos)'에 부정 접두사를 붙여 만든 유토포스(u-topos)로, 오늘날 유토피아라는 이름으로 널리 알려져 있다.

토마스 모어의 저서와 늘 붙어 다니는 이 신조어는 인류 역사를 가로지르는 평화로운 삶의 형태, 즉 생활의 장소, 노동, 휴식, 쾌락 등의 모든 요소가 균형을 이루고, 형제애가 지배하며 사람들은 자신들이 선택한 신을 믿으며, 자연과 조화를 이루면서 자유롭게 살아가는 삶이라는 견해를 담고 있다. 토마스 모어는 또한 인간 본성이 지닌 한계와 약점들도 묘사하며 전쟁을 배제하고 투명성을 역설하는 동시에 범죄를 저지른 자들에 대한 처벌을 강조함으로써, 인간이 인간을 위해 건설한 이상적인 사회를 향한 염원을 표현한다. 그러나 유감스럽게도 인간이 이루어놓은 업적들은, 꿈이 악몽이 될 때, 인본주의자 토마스 모어가 상상한 이 세상 어디에도 존재하지 않는 섬 유토피아와는 정반대되는 디스토피아를 탄생시켰다.[2]

---

1   흥미롭고도 유익한 책. Thomas More, De optimo reipublicae statu, deque nova insula Utopia[1516](유토피아: 최상의 공화국 형태와 유토피아라는 새로운 섬에 관하여, 현대지성, 2020.)

하나의 세계가 유토피아와 디스토피아 사이에서 끊임없이 오락가락할 때, 그 두 곳을 갈라놓는 경계선이란 너무도 얇다. 그 정도로 우리의 세계는 그 안에 모순을 잔뜩 담고 있다. 앙리 르페브르에 의해 이론화된 '도시에 대한 권리'[3]에 근거하면, 사회적으로 공간적으로 분산화되고 파편화된 도시 사회에서는 이 권리에 걸맞은 주거지에 대한 요구를 둘러싸고 수많은 갈등이 표출된다. 세계대전 이후 도시는 생산주의가 내포한 기술적 진보를 최대한 활용해 발전했으며, 이 과정에서 도시가 현실과 유리됨으로써 그 안에서 살던 주민들의 일부는 인간답게 사는 데 큰 어려움을 겪게 되었다. 코비드-19 시대를 맞아, 빈곤으로 약자 층이 한층 더 가혹하게 타격을 입고, 경제 위기로 인하여 소외 현상이 심화되면서, 우리는 우리의 장래에 대해 질문해야 한다. 우리가 살고 있는 초연결 세기에, 어떻게 해야 극적인 디스토피아로의 전락을 피할 수 있으며, 어떻게 해야 생태학적으로 사회적으로 경제적으로 균형 잡힌 도시 생활의 길을 재발견할 수 있을 것인가? 어떻게 해야 모두를 위한 도시를 만들어낼 수 있을 것인가?

---

2   Carlos Moreno, 500 ans après la publication d'Utopie, hommage à Thomas More, La Tribune, 2016. 12. 21. https://www.latribune.fr/regions/smart-cities/la-tribune-de-carlos-moreno/500-ans-apres-la-publication-de-utopie-hommage-a-thomas-more-625743
3   앙리 르페브르(Henri Lefebvre)에게 도시란, 도시 거주민들이 함께 만들어가는 일종의 집합적 작품(oeuvre)으로서 교환 가치보다 사용 가치와 연관된다. 또한 도시에 대한 권리(droit à la ville)는 공간에 접근하고 공간을 점유하고 사용할 권리, 사람들의 필요에 부합하는 새로운 공간을 창출할 권리인 전유의 권리를 의미하며 여기에 거주의 권리(주거권)가 포함된다. 나아가 도시 공간을 생산하는 결정에 참여할 수 있도록 하는 참여의 권리를 말한다. 강현수, 《도시에 대한 권리》(책세상, 2010.)에서 요약 발췌 - 편집자

고대 로마에서 jus civitatis, 즉 '시민권'이란 무엇보다도 자유로운 인간들에게 주어진 시민으로서의 권리 인정을 뜻했으며, 이 시민권은 사람들을 로마로 끌어들이는 강력한 유인 요소로 확장되었다. 그리고 훗날 하나의 영토, 하나의 공동체에 속할 수 있도록 부여되는 민법상 여러 권리들 가운데 본질적인 것이 되었다. '시민권'의 소유는 일상적으로 통용되는 언어 표현으로 굳어졌으며 수용, 다시 말해서 어디에선가 받아들여지는 것과 동의어가 되었다. 바로 이 책의 핵심이기도 하다. 도시의 발생에서 시작하여 도시 현상의 폭발적 팽창으로 탄생한 세계도시에 이르는 과정에서, 우리는 우리에게 가장 소중한 것 – 인류애를 구현하는 삶을 살아가면서 그 인류애에 부끄럽지 않은 존재가 되는 것 – 을 되찾을 수 있는가? 몇몇 사람들이 제시하는 암울한 미래 비전 – 2050년이면 인간과 로봇, 각기 다른 수준의 인공지능들이 이 세계를 분할 점령할 것이라는 전망 – 은 어떻게 할 것인가?

〈메트로폴리스〉,〈1984년〉,〈알파빌〉,〈브라질〉,〈블레이드 러너〉처럼 영화사에 길이 살아남을 몇몇 영화들에서 보듯이, 디스토피아를 그리는 영화들은 유별나게 많다. 이러한 계보는 오늘날 기술과 생물유전학, 인공지능 등의 힘으로 계속 '증강'되고 있다. 도시에서의 삶은 이제 2050년을 내다보는 60억 명의 도시인들에게 중대한 도전이 되고 있다. 그런데 우리는 과연 인간의 삶의 질을 향상시키기 위한 기술로 인간적이고 지속가능하며 포용하는 도시를 건설할 수 있을까? 기후변화의 영향에 의연하게 대처하며, 오늘날 멸종 위기에 놓인 생물다양성을 보장할 수 있는 능력을 기를 수 있을까? 어떻게 해야 우리 공통계(commons)를 회복할 수 있을까? 어떻게 해야 생태학은 곧 인본주의이며, 경제학은 공유의 원천, 사회 통합은 허울이 아닌 현실로 간주되는 도시를 건설할 수 있을까?

이 책은 이와 같이 다양한 질문을 회피하지 않고 단도직입적으로 던질 것이다. 나는 이 질문들에 대한 대답의 상당 부분이 끊임없이 교육하고, 이타주의에 토대를 둔 도시문화를 확산시키며, 새로운 도시 정체성을 계발하고, 우리의 생활방식, 소비방식, 생산방식을 바꾸며, 인공지능의 뉴런을 보다 효율적으로 통제할 수 있도록 인간의 뉴런에 기대를 거는 우리 역량에 달려있다고 확신한다.

1

살아있는 도시

어제, 오늘, 내일의 도시
삶의 터전

    1972년에 발표된 이탈로 칼비노의 한 뛰어난 글은 '보이지 않는 도시'와 그 도시들이 지닌 다양한 얼굴에 대해 들려준다.[1] 우리에게 기억이며 시선, 이름과 신호, 교류들, 하늘과 죽은 자들과의 관계를 드러내면서 자신의 모습을 숨기는 이 도시들에 대해서 묻는다. 그는 또 연속된 도시, 망각된 도시, 신비한 도시 등등에 대해서도 이야기한다. 장소에 대한 기억은 우리 모두에게 익숙하며 사는 동안 내내 우리를 따라다닌다. 다른 수백만 명의 동포들과 마찬가지로, 나는 본인의 의사와는 상관없이 땅을 빼앗기고는 도시로 이주하게 된 안데스 농부의 아들이다. 소규모 땅 임자들을 노예로 만들어버린 라티푼디오스(latifundios),[2] 곧 남미의 광대한 농장의 출현으로 그 땅에서 대대로 농사 짓던 농부들은 땅도 없이 그 무렵 막 부상

중이던 도심으로 내몰렸다. 보다 나은 삶, 아니 생존의 기회나마 붙잡기 위해 이들은 어쩔 수 없이 고향을 등져야 했다. 그런 연유로 나는 1950년대 말, 그러니까 인간을 먹여 살리는 어머니 대지에 대한 사랑과 고유한 자연의 섭리에 대한 존중심을 물려받은 도시인으로 태어났다. 이러한 이분법적인 상황은, 어느 한순간 삶의 축이 전혀 예상치 않던 방향으로 기울어지는 일을 경험한 다른 수억 명의 도시인과 마찬가지로, 그 후 줄곧 나의 삶 속에 아로새겨져 있었다.

농촌 중심 국가에서는 농지를 잃은 소작농들의 대대적인 이동이 일상화되고 갈등과 분쟁이 끊이지 않는 와중에 급진적인 변화가 단 두 세대 만에 이루어졌다. 농촌 인구가 전체 인구의 70퍼센트를 차지하고, 산악지대에서는 게릴라들이 창궐하며, 농민 갈등이 매우 격렬하던 라틴아메리카 대륙은 도시 인구가 80퍼센트에 도달하면서 전 세계에서 가장 도시화된 곳으로 부상했다. 도처에서 게릴라들이 구시대의 유물로 전락하게 된 데에는 하나의 세계가 점진적으로 사라져간 이유도 있다. 농촌 경제가 지탱해주던 세계가 도시의 세계에, 그러니까 제조업에서 점차 금융과 서비스로 기반을 옮겨가는 새로운 세계에 자리를 내어주게 된 것이다. 이 새로운 세계는 사회 경제적 관계와 생활방식을 깊숙하게 바꿔놓았다. 그 무렵 나는 우

---

1   Italo Calvino, Le città invisibili[1972](보이지 않는 도시, 민음사, 2007.)
2   '광대한 토지'를 뜻하는 라티푼디움(Latifundium)의 스페인어. 남미의 라티푼디오스는 수백에서 수만 헥타르에 이르며 경작보다는 축산에 이용되었다.

리 삶의 방식을 만들어내는 도시에 열정적인 관심을 보였다. 스무 살의 나는 뿌리가 뽑힌 채, 나의 뿌리가 되어준 장소에 대해서는 머릿속 기억이 전부인 망명자 신세로 프랑스에 도착해 여러 대륙을 주유하기 시작했다.[3] "오랜 기간 말을 타고 야생의 땅을 가로지른 인간에게는 도시에 대한 욕망이 생겨나기 마련"이라고 이탈로 칼비노는 말한다.[4] 칼비노의 이 문장은 그 후 내가 도시와 도시 영토를 탐사할 때 늘 나와 함께한다.

유럽에서 인간은 수 세기 동안, 여러 세대에 걸쳐 성당을 쌓아올린 건설자로서 돌을 다루는 기술과 수학, 기하학, 그리고 특정한 종교 정신의 조화로운 일치를 추구해왔다. 도시에 대한 나의 열정은 건축을 통해 거주하고 표현하며, 장소에서 규범과 규칙, 행동 양식을 창조한 인간의 천재성에 그 뿌리를 내리고 있다. 특히 제2차 세계대전이 끝나면서 시작된 유럽 재건은 나에게 깊은 인상을 남겼다. 몇몇 나라가 사라졌으며, 몇몇 나라는 새로이 태어났다. 하나의 세계가 무너졌고, 무너진 세계의 폐허에서 하나의 새로운 세계가 솟아오르는 중이었다. 여러 도시가 황폐해졌고, 도심은 엄청난 타격을 입었다. 전쟁의 화마가 피해간 파리에 살면서 나는 얼마나 많은 유럽 도시들이 파괴되었는지, 그 엄청난 피해 규모에 충격을 받았다. 베를린은 80퍼센트나 파괴되었고, 드레스덴, 바르샤바, 그단스크, 런던 등도 피해가 심각했다. 그 와중에 르아브르는 건축가

---

[3] 나는 1979년 9월에 프랑스 난민·무국적자 보호사무소(OFPRA)로부터 난민임을 인정받았다.
[4] Italo Calvino, 같은 책.

오귀스트 페레와 더불어 콘크리트의 돌연한 출현을 상징하게 되었다. 폐허가 된 이 항구 도시를 완전히 새로 짓기 위해 오귀스트 페레가 사용한 재료가 콘크리트였는데, 그는 "건축은 공간을 점유하고 둘러싸고 제한하고 닫는다. 이 특권으로 건축은 마법 같은 장소, 온전히 정신의 산물인 장소를 창조한다"[1]고 말하면서, 도시를 건설하는 새로운 방식으로 과거와의 결별을 꾀했다. 하지만 그가 꾀한 결별, 즉 재건과 창조는 여러 세기, 아니 수천 년 전으로 거슬러 올라가는 도시의 유구한 역사에 고작 수십 년이라는 짧은 시간 동안 이루어진 것에 불과했다. 도시란 사실 굉장히 긴 과정이 낳은 결과물로서, 내재적인 모순, 즉 장소에 대한 기억과 그 장소를 가다듬는 새로운 방식 사이에 오가는 대화야말로 나의 항구적인 호기심의 원천이다. 북에서 남으로, 동에서 서로 분주히 오가면서 40억 명 시민들의 안식처가 되는 번잡스러운 지구의 구석구석을 탐사하는 동안에 나는 도시를 새롭게 발견해야만 자신의 것으로 전유할 수 있다는 사실을 깨달았다.

성큼성큼 걸어 다녀 보아야 비로소 이탈로 칼비노가 말한 '보이지 않는 도시들'이 우리에게 들려주는 이야기를 들을 수 있다. 우리 도시들 각각은 영혼을 지니고 있어서, 그 영혼이 마치 실타래처럼 수 세기의 세월을 관통해왔다. 감각적이고 정서적이며 상호작용적인 도시, 움직이는 도시는 그 안에 사는 주민들에게 하나의 다른 시선, 다른 경험을 제공한다. 도시는 그저 일하고 잠만 자는 곳이 아니다. 사람답게 사는 도시를 되찾는 일은 결국 우리가 '도시 지능(urban intelligence)'이라는 문제에 접근할 때 가장 중요한 과제들 가운데 하나가 될 것이다. 어떻게 해야 장소에 대한 사랑을 기치로 삼아 모두를 위한 도시를 건설할 것인가? 도시의 지능이 바로 문제의 핵심이기 때문이다.

나는 늘 정관사를 동반한, 다시 말해서 보편적인 통칭으로서의 '도시(la ville)'에 대해 언급하기를 꺼려왔다. 그렇게 말할 경우 필연적으로 탈신체화된 기술지향적인 이미지들이 따라붙는 데다, 디지털 혁명 이후로는 그런 경향이 한층 더 두드러지기 때문이다. 스마트, 즉 디지털화 되고 인터넷에 접속되어, 다른 무엇에도 어느 누구에게도 의존하지 않고 독자적으로 존재할 수 있는 도시는 그 도시를 이해할 수 있는 가장 본질적인 것을 교묘하게 피해간다. 도시의 존재를 단 하나의 관점, 단 하나의 감정(鑑定)으로 환원하는 것은, 그것이 아무리 통찰력 있다 할지라도 항상 재앙에 가까운 결과를 만들어냈다. 한 예로, 2010년, 디지털 혁명의 후광 효과 덕분에 마치 도시의 성배라도 되는 것처럼 소개된 스마트 시티는 기술적인 해결책들을 '복사하기-붙이기' 하려는 의지를 촉발시켰고, 저 유명한 리우데자네이루의 스마트시티 운영센터가 그렇게 해서 태어났다.[2] 당시는 전 세계 모든 테크노 스마트시티의 순례 성지

---

1   Auguste Perret, Contribution à une théorie de l'architecture, Cercle d'études architecturales/André Wahl, 1952.
2   Clara Schreiner, International Case Studies of Smart Cities. Rio de Janeiro, Brazil, Inter-American Development Bank, 2016. 6. https://publications.iadb.org/publications/english/document/International-Case-Studies-of-Smart-Cities-Rio-de-Janeiro-Brazil.pdf

가 되었다. 오늘날, 그러니까 그로부터 10년이 지난 지금, 그 운영센터는 처참한 실패의 상징으로 전락했다.

정관사 '도시'는 우리가 그 '장소'의 특수성, 다시 말해서 그 안에 사는 사람들이 도시 내부의 선속(線束)[1]과 사물, 시스템들 – 행정적, 기술적 또는 그런 것들과는 전혀 다른 성격을 지닌 어떤 것 – 사이의 복잡한 상호의존성(랭보의 표현[2]) 따위를 이해하지 못하더라도, 장소와 더불어 진화하며 생기는 특성을 배제할 경우에는 존재할 수 없다. 인간은 항상 창의적인 방식으로, 처음엔 기술을 통해, 그러다가 차츰 기술공학을 통해서 공간을 전유해왔다. 인류 역사에서 최초의 도시로 알려진 기원전 4,400년 메소포타미아의 우르에서 이집트, 그리스, 로마, 아메리카 인디언, 몽고의 대문명을 거쳐 현대에 이르기까지, 각종 숙련된 기술과 기술공학이 차지하는 위상은 항상 중요한 쟁점이 되었다.

여기서 잠시 오스트레일리아 출신 고고학자 고든 차일드가 1950년에 우르를 '도시혁명'[3]이라고 부른 것의 기원에 대해 알아보자. 현재 이라크 남부에 해당되는 이곳에 정착하면서 인간은 새로운 생활방식을 정립했으며, 무엇보다도 세계에 대한 새로운 시선을 갖게 되었다. '도시혁명'이라는 표현은 그 후에 반발을 샀지만, 그에 따르면 사냥꾼이던 인간들은 대지

---

1 공간에서의 어떤 물리적 성질의 흐름 – 옮긴이
2 "[…] 그리고 우리는 헤매 다녔다. 동굴의 포도주와 길에서 얻은 비스킷을 양식으로 삼아, 나는 그 장소와 방식을 찾느라 바빴다." (Arthur Rimbaud의 시 Vagabonds에서 발췌, Les Illuminations.)

며 자연과 맺는 관계를 바꿔 놓은 농업 활동을 넘어서, 새로운 문화, 즉 물물교환의 문화를 발전시켰다. 이는 곧 최초의 대변동, 즉 도시의 탄생으로 나아가는 과정이었다.

그런데 전후 우리의 현대성에서 가장 중요한 요소, 즉 시대 전환의 원동력은 사회학자 사스키아 사센이 1991년에 이미 예견한 세계도시(global city)의 부상이었다.[4] 세계도시는 국가 권력이 행사하던 의사 결정의 중심부를 흔들면서 국가의 오랜 지표를 혼란 속에 빠뜨렸으며, 이에 따라 국가 권력은 주도권을 상실했다. 그리고 약해진 권력 대신 한층 희석되고 대번에 파악하기 어려운 새로운 권력이 그 자리를 차지했다. 세기별로 유럽 지도가 변화해가는 판도만 보아도 이러한 사실을 쉽게 확인할 수 있다. 20세기 초엔 몇몇 제국들이 지도 상의 요지를 차지했다. 가령 독일 제국과 오스트리아-헝가리 제국, 그리고 그 제국의 문전에 위치한 오스만 제국과 러시아 제국을 비롯하여 몇몇 왕국, 또 프랑스를 포함한 소수의 공화국을 지도에서 찾아볼 수 있다. 제2차 세계대전이 끝나면서 이 제국들은 자취를 감추었고, 공화국들이 곳곳에서 부상했으며, 이들은 이념적, 군사적인 면에서 동과 서, 두 진영으로 갈라졌다. 20세기 말, 동서 독일의 통합이 성사되었고 발칸반도엔 신생 공화국들이 대거 탄생했다. 이 시기 내내 제국과 국가가 변화

---

3   Gordon Childe, The Urban Revolution, The Town Planning Review, no. 21, p. 3-17.
4   Saskia Sassen, The Global City. New York, London, Tokyo, Princeton Uni--versity Press, 1991.

하는 사이에, 도시들은 꾸준히 성장과 발달을 거듭하여 인적, 물적 자원을 끌어들이며 경제적 가치와 권력을 창조하는 공간으로 변모했다.

도시 공간, 그러니까 도시, 랭보의 문학적인 표현을 빌자면 '도시의 영토와 생태계'는 21세기에 들어서 자원과 삶의 질이라는 중차대한 문제를 제기함으로써 다시 세계의 변화를 암시하고 있다. 단절과 이종교배에 일조하는 기술공학이 오늘날 우리 생활방식의 변화에 중심을 차지하고 있으며, 사스키아 사센이 중요하게 여기는 세계도시 정책과 더불어 감수성, 정체성, 소속감의 형성 조건은 물론, 한 지역의 거버넌스를 상대로 이전보다 더 많은 시민들의 요구 사항, 그리고 사회, 경제, 문화, 생태적 제약도 만들어낸다.

이제 세계의 5대 도시 지역[1]을 살펴보자.

- 1천4백만 명이 거주하는 도쿄는 일본의 수도인 동시에 일본에서 가장 인구 밀도가 높은 도청 소재지다. 도쿄 주변 지역에 사는 주민들까지 포함할 경우는 일본 전체 인구의 11퍼센트에 이른다.
- 델리는 1991년부터 2011년까지의 20년 동안 그 크기가 두 배나 커졌다. 주변 지역을 포함하여 델리 인구는 2천7백만 명에 이르며, 1인당 국민소득은 인도 전체 평균에 비해 약간 높다. 델리는 또한 수십만 명의 이민자들도 끌어들

---

[1] 세계경제포럼(WEF) https://www.weforum.org/

였다. 2020년대가 끝날 무렵이면 델리는 세계에서 인구 밀도가 가장 높은 도시가 될 것이다.

- 상하이는 중국이 문호를 개방한 1980년대부터 본격적인 도시 개발을 시작했다. 광물성 건축물이 대거 등장하면서 광대한 지역에 걸쳐 생물다양성이 상실되고, 기온 상승과 만성적인 도시 오염에 시달리는 등, 상하이 생태계는 완전히 변해버렸다. 오늘날 상하이엔 2천5백만 명이 거주한다.
- 라고스는 나이지리아에서, 또 아프리카 대륙을 통틀어서 인구가 가장 많은 도시다. 이 거대도시는 또한 아프리카 전체에서 가장 중요한 금융 허브의 하나이기도 하다. 국내총생산이 아프리카 대륙에서 네 번째로 높은 데다, 가장 중요하고 가장 이용 빈도가 높은 항구 가운데 하나를 보유하고 있다. 2천1백만 명에 이르는 수도권역과 더불어 라고스는 전세계에서 가장 빠른 속도로 성장하는 도시들 중의 하나다. 현재 1억 9천만 명인 나이지리아 인구는 2050년이 되면 4억 1천만 명에 이를 것으로 전망된다.
- 상파울루. 라틴 아메리카의 거대도시 상파울루에 모여 사는 2천1백만 명은 브라질 전체 인구의 14퍼센트에 해당되며, 국내총생산 면에서는 이 도시가 25퍼센트를 책임진다. 상파울루의 성장은 무분별한 난개발을 통해 이루어졌으며, 구릉지대나 홍수로 범람하는 들판 지역엔 빈민촌(파벨라)이 들어서 있고 인구의 상당 부분이 수도나 전기 같은 가장 기초적인 서비스 혜택도 받지 못한다. 참고삼아, 상파울루의 국내총생산은 브라질 4,305개 도시의 국민총생산

을 합한 액수와 맞먹는다.[1]

오늘날 우리의 과제는 창의적으로 영향력을 행사하면서 도시를 보다 살기 좋고 활기찬 곳으로 변신시킬 수 있는 방법을 찾는 것이다. 그래서 도시의 몸체와 영혼의 분리를 막고 그 어떤 기술적 업적보다 삶의 질이 우선할 수 있도록 하는 것이다. 2020년 현재, 장소 그리고 그 장소의 '영토와 생태계' – 이 생태계는 새로운 이동성과 물리적, 디지털적, 사회적 세계가 수렴하여 새롭게 상호 작용하는 활동으로 구성된다 – 에 대한 해석은 쉽지가 않다. 이에 대한 적절한 평가가 있어야 공통계의 새로운 공유와 더불어 새롭게 확인되어야 할 사회성 경험 축적에 필요한 답안이 나올 수 있다.

내가 보기에, 내일의 세계에 대한 여러 가능태를 찾기 위해서는 우리가 어떤 도시에 대해 이야기하고 있는지, 어떤 도시에서 살고 싶은지가 중요한 문제다. 우리 세대와 우리 다음 세대가 직면해야 하는 도시 과제들이 얼마나 폭넓고 다양한지는 더 이상 설명할 필요가 없을 것이다. 기후 온난화, 자원 고갈, 인구 폭발, 도시 집중, 거대도시의 수적 증가, 세계의 대도시화, 신종 도시성 질병, 디지털과 기술의 영향력 등등... 대도시들은 부를 끌어들이고, 이와 동시에 빈곤을 야기함으로써 세계적으로 영토와 경제의 균형을 흔들어 놓는다. 전쟁 난민의 변화 추이며 그들의 장래를 둘러싸고 야기되는 긴장 등은

---

1   브라질 지리통계연구소(IBGE)의 조사, 2019. 12.

해결하기 힘든 난제로, 거의 상시적으로 현존한다. 우리는 유럽에서 지중해나 도버 해협을 가로지르는 항해에서 그러한 상황을 자주 접하며, 정치나 사회생활에 끼치는 중요한 영향도 체감할 수 있다.

세계 곳곳의 도시 공간이 주민들의 요구와 기대에 부응하기 위해서는 환경, 사회, 경제, 문화, 회복탄력성, 이렇게 다섯 가지 측면의 도전에 직면해야 한다. 이 같은 도전이 도시 생태계에 미치는 결과는 기후변화에 대한 적응력, 도시의 위기 대처 능력에 따라 다양하게 나타난다. 즉 자연과 생물다양성의 동화, 사회적 소외와 빈곤 타파, 교육과 문화에 대한 접근 용이성, 일자리와 가치 창출, 수월한 이동성, 다양한 공공 서비스와 새로운 용도 등. 과제는 한없이 많고, 따라서 투쟁도 빈번하게 일어날 것이다.

덴버의 웰링턴 웹 전(前) 시장은 2009년 미국 시장회의에서 인류가 직면한 도시 과제에 대해 간결하면서도 영감 넘치는 발언을 남겼다. "19세기는 제국의 시대였고, 20세기는 국민국가[2]의 시대였다. 21세기는 도시의 시대가 될 것이다." 실제로 몇십 년 후면 우리 도시들은 거의 인류 전체의 생활 터전이 될 것이다. 인간의 생애 주기는 본질적으로 도시에서 전개될 것이다. 출생에서 사망에 이르기까지, 도시라고 하는 세계는 특히 인간에게 우주이며, 숨 쉬고 사는 시공간이다.

도시에서 태어나는 것은 이미 그 자체로 도시에, 그러니까

---

2 민족국가라고도 한다. — 옮긴이

대도시든 거대도시든, 세계도시가 되어버린 인구 밀집지역에 고유한 리듬과 생활방식이 각인되어 있는 도시문화에 소속되는 것이다. 유년기에서 청소년기, 성년기에서 노년기에 이르기까지, 여러 가지 삶의 우주들이 공존한다. 21세기에 도시에서 태어나고 자라나고 늙어간다고 하는 사실은 인간들 사이의 관계를 완전히 바꿔놓았다. 변화한 도시는 감각적이면서 동시에 예민하며, 여러 개의 얼굴을 지닌다. 어찌되었든 도시는 살아 움직여야 하며, 도시를 숨 쉬는 공간으로 만들기 위한 투쟁은 우리의 사활이 걸린 매우 중요한 도전이다. 그러므로 우리는 우리를 인간미 있고, 건전하고 평화로운 도시적 삶의 정신으로 충만한 세상으로 인도해줄 실마리를 찾아내야만 한다.

한편, 21세기는 또한 유비쿼터스(ubiquitous)의 세기이기도 하다. 인터넷의 대중화는 e-정부, e-교육, e-건강 등 많은 단어에 e-를 앞세움으로써 인터넷의 위력을 강조하며 디지털 도시의 이미지를 받쳐 준다. 각종 스마트 기기, 즉 위치 추적, 사물인터넷, 빅데이터로 무장한 모바일, 그리고 어디에서든 접속 가능한 시민들의 존재가 그물처럼 엮인 인터넷 접속 도시는 인간과 도시의 관계를 완전히 탈바꿈시켰다. 디지털과 이종 교배가 이루어진 인간은 자신이 지표로 삼던 것들의 본성이 완전히 바뀐 도시에서 살아간다. 거주하고, 이동하며, 일하고, 필요한 물품들을 구입하고, 치료받으며, 여가를 즐기는 등의 모든 일이 이제 디지털을 통해야 가능해졌다. 인간은 창조의 불씨를 훔친 것인가? 인간이 만들어낸 디지털 피조물들은 실재적이건 가상적이건 인간을 현실로부터 유리시킬 것인가?

근본적인 사실은, 인간과 사물의 인터넷 시대를 맞아 새로운 도시문화가 탄생했다는 점이다. 이 새로운 문화가 신체적, 사회적, 기술공학적 변이의 척도로 유토피아와 디스토피아, 상상적인 것과 실재적인 것의 경계가 진짜로 존재하는지 물으면서 삶에 대한 새로운 사용, 새로운 지각을 창출한다.

이들은 도시가 우리에게 다시금 감정과 감동, 쾌락을 선사하게 될 경우, 과거 우리의 기억이 우리의 앞날을 구축하는 자양분이 될 경우, 오래된 돌들이 우리에게 말을 걸어오고 우리의 친구, 이웃과 더불어 이야기를 나눌 경우라면, 그때 비로소 의미를 가질 수 있다. 이와 유사한 열망이, 내가 알기로는 에드가 모랭이 사스키아 사센과 나눈 눈부신 대화 속에서 하나의 보편적인 특성으로 요약된 바 있다. "누군가에게 '안녕하세요'라고 인사를 건네는 건 그에게 '당신은 지금 존재하고 있습니다' 라고 말하는 것이다!"[1]

그러니까 도시의 지능에 관심을 기울이는 건 무엇보다도 도시의 정체성과 그 도시의 고유한 사회경제적, 문화적, 생태적 특성들에 주목하는 것이다. 도시의 이동성, 안전성, 사회주택, 에너지 정책, 부동산, 사회연계망, 인프라, 공적 공간, 지역경제, 문화, 여가, 세금제도, 매력 등이 모두 여기에 포함된다. 유엔 17가지 지속가능발전목표(17SDGs) 중에서 열한 번째는 도시 변화가 우리 삶에 어떤 영향력을 행사하는지를 아주

---

[1] 에드가 모랭과 사스키아 사센의 논쟁, 도시의 생태적 복잡성. La Tribune/ Live in a Living City, 2015. 11. 29. https://www.youtube.com/watch?v=jH4yvYfe1Rc

명확하게 직시한다. "도시와 도시의 주거지는 모두를 위해 열려있되 안전하고 회복 탄력적이며 지속 가능한 공간이 되어야 한다."[1] 말하자면 우리의 지구가 당면한 엄청난 과제를 한 줄로 요약하고 있는 셈이다. 2030년 예측에 따라 정립된 이 목표들은 네 개의 도전 – 첫째, 기후 변화와 인간의 도시생활과의 관계. 둘째, 동남 축 방향으로 거대도시, 대도시가 양산되는 대대적 도시화. 셋째, 우리의 생활을 관통하는 신기술. 마지막으로 불평등의 사회적 표출인 빈곤과 소외 – 에 의해 상당히 증폭될 것이다.

2016년 에콰도르의 키토에서 열린 유엔 주택 및 지속 가능한 도시개발회의(Habitat III)는 '새로운 도시 의제'를 채택하면서 사회 통합과 도시에 대한 권리를 강조하였다. 그중에서도 특히 생존에 필수적인 것을 충족시킬 권리, 참여민주주의를 실현할 권리에 방점을 찍었다.[2] 지방 정부와 도지사, 시장들의 강력한 결의는 그들의 적극적인 참여가 중요한 열쇠임을 보여주었다. 해결책의 중심에 도시가 자리잡고 있으며, 도시는 변화를 위한 행동의 중추 역할을 한다.

2011년, 지구 인구는 70억 명을 넘어섰다. 2019년엔 이미 77억 명을 넘어섰으며,[3] 인류 역사상 최초로 전 세계 인구의

---

1 http://www.un.org/sustainabledevelopment/fr/objectifs-de-developpement-durable/ https://www.un.org/sustainabledevelopment
2 UN-Habitat III, Quito, 2016. 10. 17.~20. http://habitat3.org/wp-content/uploads/NUA-French.pdf
3 세계인구현황, 유엔인구기금(UNFPA). https://www.unfpa.org/data/world-population-dashboard

절반 이상이 도시에 사는 것으로 나타났다. 유럽의 경우, 도시 인구는 74.5퍼센트에 이른다.[4] 2030년이면 지구 주민 85억 명 가운데 50억 명 이상이 도시 지역에 거주하게 될 것이다. 그리고 현재, 세계 인구의 12퍼센트는 33개 도시에 흩어져 살고 있다.[5] 유럽만 놓고 보면(EU-28), 53개 대도시에 거주하는 주민의 비율이 39퍼센트이며, 일자리의 41.1퍼센트를 통해서 국내 총생산의 47.1퍼센트를 담당하고 있다. 2030년엔 750개의 도시가 세계 국내총생산의 61퍼센트를 감당하게 될 것이다.[6] 우리는 동남 축으로의 중심 이동이 돌이킬 수 없음을 인정하고 여기에 동참하게 될 것이다. 그도 그럴 것이 세계도시의 90퍼센트가 아프리카와 아시아에서 성장하고 있으며, 그 가운데 3분의 1은 인도-중국-나이지리아 3개국에 집중되고 있기 때문이다.

추상적인 통계숫자를 차치하더라도, 21세기에 도시에 산다는 것은 석유와 일자리 공급원으로서의 제조업을 기반으로 하는 세계의 성장을 공고히 하기 위해 구축된 공간에서 사는 것이다. 이른바 사회적 주거라고 하는 집단 주거지와 그로 인한 관계 단절이라는 역설이 탄생했으며, 성공의 상징인 사유

---

4 World Urbanization Prospects 2018, Highlights, DESA Population Division, United Nations. https://population.un.org/wup/Publications/Files/WUP2018-Highlights.pdf

5 Eurostat, Urban Europe – Statistics on Cities, Towns and Suburbs, 2014. https://ec.europa.eu/eurostat/documents/3217494/7596823/KS-01-16-691-EN-N.pdf/0abf140c-ccc7-4a7f-b236-682effcde10f

6 The Global 750 : Forecasting the Urban World to 2030, Oxford Eco-nomics Report, 2018.

재산과 물건들, 가령 자가용 승용차, 별장, 그 외 온갖 것이 출현했다. 요컨대 살아있는 도시가 문제시하는 패러다임이다.

우리는 우리의 도시에 무슨 짓을 한 것일까? 늘 바쁘기만 한 괴물 기계들이 씽씽 달리는 대로들로 도시의 모습이 일그러지는데, 무얼 하고 있었던가? 거리, 광장, 담벽과 공원에서 삶의 체취를 앗아가는 냉랭하고 기능적이기만 한 건물들을 대체 어떻게 생각해야 하는 걸까? 말라버린 샘, 아스팔트로 덮인 땅, 숨 쉴 공기조차 희박해지는데, 물과 나무는 또 어떠한가? 우리가 사는 도시의 정체성은 어디에서 찾는단 말인가? 집 앞에서, 길거리에서 또는 공원 벤치에서 서로가 서로에게 들려주고 전해 듣던 이야기들은 다 어디로 갔을까? 도시는 오늘날 무엇의 이름인가?

이 책의 앞머리에서 언급한 이탈로 칼비노의 책에서는 한 행인이 도시로 가기 위해 길을 묻는다. 그가 얻은 대답이라고는 '여기' 또는 '조금 더 멀리', '이 근방' 또는 '반대쪽' 등을 뜻하는 몸짓뿐이다. 더 알려달라는 그의 집요함에 '우리는 매일 여기로 일하러 온다'는 말을 덧붙인다. 그런가 하면 '여기 자러 온다'고도 한다. 그러자 행인은 "사람들이 사는 도시는 도대체 어디에 있단 말입니까?"라고 재차 묻는다. 그 도시는 '저쪽에 있을 것'이라고 사람들은 대답한다. '저기 지평선 쪽에 어둠침침한 다면체를 가리키는 팔들'을 행인은 물끄러미 바라본다. 한편, '유령 같은 첨탑들 뒤를 가리키는 팔들'도 있다. "내가 그곳을 지나쳤습니까?" […] "아니, 조금만 더 가 보시오." […] "그렇다면 도시에 간다는 것은 언저리를 돌다가 끝

내 벗어날 수 없는 것인가?" 이탈로 칼비노의 대답은 그 어느 때보다도 요즘 우리 사정과 들어맞는다. "어떤 도시가 지닌 일곱 혹은 열일곱 가지 명승고적 때문이 아니라, 당신의 질문 가운데 어느 하나에 대한 대답 때문에 당신은 그 도시를 향유한다"는 것이다. 살아있는 도시는 고정된 것이 아니라 항상 변화하는 생태계임을 말한다.

살아있는 도시는 복잡한 유기체다. 때문에 도시 건설은 기술이나 수직적인 건축만으로 한정되어서는 안 된다. 도시에 귀를 기울이고, 긴 흐름으로 생성된 도시의 리듬과 호흡을 찾는 것이 관건이다. 우리는 다방면에 걸친 요소들과 상호 관계적, 상호 의존적 요인들로 구성된 복잡계에 속한다. 또한 살아있는 도시는 도시의 신진대사와 밀접하게 연결되어 있다. 따라서 모든 흐름을 - 균형 잡힌 흐름은 도시 복지의 원천이며, 반대로 불균형은 갈등과 위험 요인으로 때로는 도시 고유의 생존마저 위협한다 - 전체적으로 고려해야 함을 뜻한다. 그런데 도시의 자원은 한정되어 있기 때문에 자원을 재활성화하고, 최적화시키며, 변화시키거나, 필요하다면 새롭게 발명해내는 방식을 고려하는 것이 중요하다. 요즘처럼 절약이 미덕인 위기 시대에는 도시 자원이야말로 집단적인 창의성을 발휘해 개발해야 할 것들이다.

살아있는 도시는 다양한 사회적 요구와 관습과의 기로에 위치하고 있다. 혁신은 주거, 이동성, 교육, 노동, 돌봄 등이 중심에 있는 우리의 일상생활과 관련이 있다. 잘 살기, 잘 보살핌 받기, 편하게 이동하기와 일터를 어떻게 연결시킬 것인가? 일하기 위해, 배우기 위해, 보살핌을 받기 위해 그토록 많이 이동하는 것이 과연 정말 필요한 것인가? 도시, 그러니까 도심과 외곽 사이의 관계는 어떠한가? 살아있는 도시에서는 에너지 사용과 관리에 효율적인 주거지 개발, 녹색 이동, 안전, 맞춤형 건강 서비스, 문화 접근권이 비중 있게 다루어져야 한다. 그리고 부단한 성찰을 통해서 진정으로 살아 움직이고 장벽이 제거된, 다중 영역의 도시가 우리 눈앞에 그려진다.

기술혁명 이후, 우리는 도시의 무한한 가능성이 활짝 피어나는 것을 목격한다. 내일의 도시는 오늘 발명되며, 그 도시가 언제나 더 스마트하고, 더 효율적이며, 더 흐름이 원활하기를 꿈꾸지만, 오직 살아있는 도시만이 위에서 열거한 모든 과제들에 응답할 수 있다. 즉 시민을 중심에 놓고, 고유한 영토 위에 건설된다. 실제로, 파리에 어울리는 것이라고 해서 반드시 리우데자네이로나 뭄바이, 서울, 시드니, 라고스 또는 카이로에도 어울린다고는 할 수 없다. 그렇기 때문에 자신의 영토에 단단히 발딛고 있는 시민의 정체성이 필요하다. 도시의 모델이란 존재하지 않는다. 다만 영감의 원천만이 존재할 뿐이다.

다중의 시대, 유비쿼터스의 시대에 도시의 역동성, 도시 거버넌스의 역량, 국가와의 관계에서 도시의 역할은 중층적이고 교차되며 얽히고설킨다. 이 같은 새로운 판도에 비추어볼 때, 내가 제안하는 살아 움직이며 감각적인 도시는 사회적 취약성에 관심을 기울여야 하는 것이 핵심 콘셉트다. 환경, 경제, 사회라는 세 가지 차원의 구조적인 취약성을 이해하는 것은 도시 차원에서의 성찰과 행동으로 가능하다는 점이 매우 중요하다. 미약한 신호인 '검은 백조'[1]를 알아차리기 위한 분석의 열쇠가 거기에 있기 때문이다. 사회-공간적 취약점에 직면하여, 함께 잘 살고, 하나의 영토에 함께 소속된다고 느끼게 하는 지표와 행동, 그중에서도 특히 행위 관계들을 선제적으로 구축해야 한다. 이는 향후 도시 만들기의 복잡성을 투영하는 데 필수적이다.

살아있는 도시는 매우 취약하기에 끊임없이 변화에 적응해야 한다. 결과를 예측하기 어려운 위험과 돌발상황이 언제든 일어날 수 있다. 도시의 복잡성 때문에 계획을 수립하거나, 진화 양상을 미리 예측하기도 어렵다. 우리는 역사로부터 네 가지 핵심적인 요소를 도출해낼 수 있으며, 라틴어로 표현된 이 네 가지 요소가 도시의 본질을 형성한다.

- 우르브스(urbs): 도시를 구성하는 모든 인프라의 총체
- 시비스(civis): 도시 공간의 중심 요소인 시민. 시민의 숨결이야말로 도시 생활의 정수이다.
- 스파티아(spatia): 다양한 사회화, 교류, 상호작용의 공간들로, 이러한 공간들을 통해 도시의 집합체로서의 박동을 측정할 수 있다.
- 마지막으로 레스 푸블리카(res publica): 공공의 선을 추구하기 위한 정치, 정책을 지칭한다.

---

1 Nassim Nicholas Taleb, Le Cygne noir. La puissance de l'imprévisible, Les Belles Lettres, 2008.

모든 도시는 이 네 가지 요소가 결합되어야 형성되기 때문에 오직 여러 학문의 상호 연관적 성찰만이 도시를 총체적으로 생각하고, 변화와 행동의 틀을 구상하게 해준다. 도시계획 전문가, 사회학자, 공학자, 철학자, 디자이너, 건축가, 기업가, 정치가, 예술가... 등이 공동으로 숙고해야 하는 셈이다.

우리가 해야 할 일은 자동차들을 도시 밖으로 몰아냄으로써 보행자들이 다시 도시를 전유하도록 하는 것이다. 숨 쉴만한 공기의 질을 보장하고, 무엇보다 물과 생물다양성을 중요시하여 시민과 사회의 역동성이 훨씬 쾌적하고 넓은 공적 공간에서 거리낌 없이 표현될 수 있도록 투쟁하는 데 일조하는 것이다. 그러기 위해서는 지금 세기의 과제에 도전할 만한 역량을 갖추어야 한다. 도시에서의 삶을 새롭게 창조하고, 도시 정체성을 되찾고, 쾌적하고 사람답게 살 수 있는, 다중심적이고 흐름이 원활한 도시가 되기 위해서는, 도시에서 거주하며 일하고 이동하는 새로운 방식을 상상할 수 있어야 하는 것이다.

도시계획은 미래의 수요와 변화를 예측하고 대응하기 위해, 공간을 평면적으로나 입체적으로, 혹은 지상 차원이나 지하 차원을 총체적으로 연결할 수 있어야 한다. 바로 활동가 제인 제이콥스가 생각하는 살아있는 도시의 정신이다. "거리와 광장, 동네는 사람들이 처음 만나는 사회적 공간이며 도시에서 시민권의 토대가 된다. 단순히 통행의 공간일 뿐 아니라, 무엇보다도 사람들이 살고 일하고 기분을 전환하는 장소이기 때문이다. 이곳에서 사람들은 서로를 방문하고, 만남의 기회를 가지며 교류한다."[1]

    결국 살아있는 도시를 만든다는 것은 공동의 자산을 위해 투쟁해야 하다는 점을 인식하는 것이다. 물과 공기, 그늘, 공간, 시간, 침묵 등이 우리 삶의 질을 위해 새로이 전개할 투쟁의 핵심이 될 것이다.

---

1   Jane Jacobs, The Death and Life of Great American Cities[1961](미국 대도시의 죽음과 삶, 그린비, 2010.)

2

기후 위기

기후 변화 시대를 맞은 도시와 도시에서의 삶

　동에서 서로, 북에서 남으로, 지구에서 기후 변화의 영향은 열기 혹은 냉기, 홍수와 대기 오염, 숨쉬기 어려운 도시, 가뭄, 해수면 상승 등과 더불어 매일매일 우리에게 와 닿는다. 말 그대로 지구가 불타오르기 시작한 이후로 기후 재난은 모든 대륙에서 예외 없이 관찰되고 있다. 이렇듯 극적인 상태 악화는 노벨문학상을 수상한 가브리엘 가르시아 마르케스의 작품《예고된 죽음의 연대기》[1]에 묘사된 방식으로 우리에게 닥쳤다. 끔찍한 범죄가 일어날 것임을 모두가 알고 있었고, 범죄가 준비되고 있음을 저마다 목격한 데다, 살인자들이 몰려오는 것을 온 마을이 지켜봤으면서, 실제로 살해범들이 문을 두드렸을 때 아무도 손가락 하나 까딱하지 않았다. 돌이킬 수 없는 일이 일어난 후, 각자는 마을을 슬픔에 잠기게 만든 이 범죄 행위가 일어난 원인에 대해 자기 나름의 해석을 늘어놓았다. 기후 온난화의 피해나 결과에 대해 우리가 자녀나 손주들과 편히 대화할 수는 없다. 그렇다, 기후 변화는 이미 수십 년 전에 예고된 대로 인류 문명, 적어도 우리가 알고 있고 오늘날까지 살고 있는 그 문명의 생존을 위협하고 있다.

도시의 시대에 기후 변화를 이해하기 위해서는 두 단어, 즉 '인류세(anthropocene)'와 '복잡성(complexity)'을 충분히 새기고 강조해야 마땅하다. 현재의 위기를 깊이 이해하려면 약간의 교수법을 활용하여 이 두 단어를 몇 번이고 반복해야 할 정도다. '인류세', 그러니까 '인간의 시대'[2]라는 단어는 지난 50여 년 동안 일어난 일의 본질을 종합적으로 표현한다. 노벨화학상 수상자인 파울 크뤼첸과 미국 생물학자 유진 스토머가 2000년에 인간의 영향력이 지구 생태계에 중요한 것이 되었음을 의미하기 위해 제안한 용어임을 새삼 상기할 필요가 있을까? 기후 변화에 막대한 영향을 미치는 인간활동을 일일이 열거할 필요가 있을까? 집약적 농업과 산림 파괴, 어류 남획, 공기와 물, 토양의 오염, 통제되지 않는 콘크리트 도시 개발, 자연 발생 주거지의 축소 또는 파괴, 순환주기를 변화시키는 (질소, 인, 황을 대량 사용하는) 산업, 열동력기를 쓰는 대량 수송, 화석 또는 광물 원료들(석탄, 석유, 천연가스, 우라늄 등)

---

1   Gabriel García Márquez, Chronique d'une mort annoncée[1981](예고된 죽음의 연대기, 민음사, 2008.)
2   Paul J. Crutzen, Eugene F. Stoermer, The Anthropocene, Global Change. NewsLetter no.41, 2000. p.17-18. http://www.igbp.net/download/18.316f18321323470177580001401/1376383088452/NL41.pdf

의 채굴과 기하급수적인 소비 증가, 플라스틱 물질의 생산과 과소비 등[3] 많이 알려진 것들만 열거해도 이 정도다. '인류세'라는 개념은 비이성적이고 광적인 채취와 폐기라는 이중 개입으로 생물권의 균형에 자연적인 변동을 야기하는 인간 행위를 부각시킨다.

우리가 내내 외면하고 있는 '플라스틱 돌멩이(plastiglome-ate)'가 산업시대 이후의 인간활동을 대변하는 새로운 지질학적 지표가 되었음을 새삼 상기해야 인류세의 중요성을 납득할까? '플라스틱 돌멩이'는 절반만 자연적인 신물질로, 열로 용융된 플라스틱과 암석이 결합하여 만들어진다. 2014년 패트리샤 코코란이 이끄는 미국과 캐나다 합동 연구팀에 의해서 세상에 소개된 이 신종 광물은 인간이 초래한 지구 변화의 긴 목록에 한 줄을 더했다.[4] 벌써 수십 년 전부터 많은 과학자들이 플라스틱 폐기물의 폐해를 경고해 왔는데, 미래의 고생물학자는 인간 화석보다 '플라스틱 돌멩이'를 더 많이 발견하리라고 예견할 정도다. 1975년부터 이듬해까지 과학한림원의 의장직을 역임하고 파리 자연사박물관의 관장으로도 일한 모리스 퐁텐은 1960년대에 이미 '몰리스모센(Molysmocène)'[5]이라는 용어를 제안했다. 이는 그리스어로 폐기물 시대, 프랑스

---

3 https://fr.wikipedia.org/wiki/Anthropocène
4 Patricia L. Corcoran, Charles J. Moore, Kelly Jazvac, An Anthropogenic Marker Horizon in the Future Rock Record, The Geological Society of America, GSA Today, vol.24, no.6, 2014. 6. https://www.geosociety.org//gsatoday/archive/24/6/pdf/i1052-5173-24-6-4.pdf/
5 https://e4a-net.org/2017/11/29/welcome-to-the-molysmocene/

식으로는 '초기 쓰레기통 기'에 해당된다. 그 후 많은 학술논문에서 '인류세'의 초반부를 특징짓기 위해 사용되었다.

이 위기를 이해하는 데 '복잡성'이라는 용어는 어째서 필요할까? 지금까지 언급한 파행을 오직 산업혁명 혹은 기술 성취의 탓으로만 돌리면 너무 순진하고 기만적일 뿐만 아니라 악의적이라 할 것이다. 프랑스의 환경철학자 오귀스탱 베르크가 그의 저서《외쿠메네》에서 장마르크 베스를 인용하면서 '나와 나 사이엔 대지'[1]라고 쓴 것은, 인간과 자연을 분리 불가능한 하나의 통합체로 간주하는 생태지리학의 역할을 강조하기 위해서였다. '어머니 대지'를 언급하는 에드가 모랭은 우리 각자가 인식의 영역뿐 아니라 일상의 모든 행동 영역에서 변화의 주체로서 영향을 주는 상호 의존적 세계를 묘사한다. "지구상에 흩어져 있는 사회들이 상호 의존하는 순간, 우리가 지구상의 운명 공동체임을 자각하는 것은 천년의 대미를 장식하는 중요 사건이어야 마땅하다. 우리는 이 지구 안에서 지구인으로서 연대한다."[2]

기후 변화는 이미 농업과 건강, 지상과 해양 생태계, 물 공급, 몇몇 주민들의 생존 수단에도 영향을 주고 있다. 놀라운 점은 기후 변화가 열대지방에서 극지방까지, 작은 섬에서 광대한 대륙에 이르기까지, 제일 잘 사는 나라에서 제일 가난한 나라까지 가리지 않고 나타난다는 사실이다. 기후변화에 관한

---

1   Augustin Berque, Écoumène. Introduction à l'étude des milieux humains [2001](외쿠메네. 인간 환경에 대한 연구서설, 동문선, 2007.)
2   Edgard Morin, Anne-Brigitte Kern, Terre-patrie, Seuil, 1993.

정부간 협의체[3]는 오래 전부터 아주 소상히 경고해 왔으며, 해마다 발표되는 보고서에서도 산업화 이전 시대에 비해 평균기온이 섭씨 4도 이상 상승할 경우 위험(생물의 실질적인 멸종, 식량 안보의 중대한 위협 등)이 '높음, 아주 높음'까지 갈 수 있다고 강조한다. 사실 기온이 1도에서 2도 정도만 상승해도 위험은 '현저히' 커진다.

산업화 이전 보다 기온이 2도 오르면 세계의 연간소득이 0.2에서 2퍼센트까지 감소할 수 있다.[4] 그러므로 지구의 온도가 몇 도만 상승해도, 물과 식량, 지구 생태계 또는 날씨에 미칠 영향을 고려해야 한다. 가령, 해수면 상승으로 위협받는 도시들, 세계 식량 생산량의 감소, 적지 않은 종의 멸종, 극단적인 이상기후 증가 등. 그렇게 되면 상당수 주민은 이주, 신종 질병의 창궐, 천연자원의 감소, 지금보다 훨씬 강도 높고 급격한 기상변화(사이클론, 태풍 등) 같은 새로운 위험에 노출될 것이다.

혹서 때의 도시협곡 현상에서 보듯이, 도시 현상은 기후 문제에 직접적인 영향을 끼친다. 2003년 8월 파리를 절절 끓게 만든 복더위 때, 기상학자들은 파리 중심부와 시 외곽의 기온차가 섭씨 4도 가량이라는 사실을 관측했다. 그해 여름에만 프랑스에서 2만 명, 유럽 전체에서 7만 명의 폭염 사망자가 발생했음을 상기해보라. 엠마뉘엘 카도와 알프레드 스피라의 연

---

3   기후변화에 관한 정부간 협의체(IPCC)는 1988년에 결성되어 현재 195개국이 가입해 있다. https://www.ipcc.ch
4   의사결정권자들에게 보내는 서언, IPCC. Changement climatique 2014 : impacts, adaptation et vulnérabilité, 2014.

구에 따르면, 파리에서 유난히 두드러졌는데 2003년 8월 1일부터 20일까지 3주 동안 사망률이 이전에 비해 약 190퍼센트 증가했다.[1] 전례 없는 이 비극을 두고, 도시에서의 공중보건은 위생은 물론 사회적 맥락을 포함하는 다양한 차원과 긴밀하게 연관되어 있음이 이들의 연구에서 드러난다. 요컨대 사회경제적 요인으로 인한 도시의 취약성 때문에, 기후 문제가 농촌보다 도시 주민들의 건강에 훨씬 대대적인 영향력을 끼쳤음을 명백하게 입증한다. 그로부터 거의 20년이 지난 후, 폭염 현상은 이제 도시 삶의 일부가 되어버렸다. 프랑스든 어디든, 여름 폭염이 찾아올지 여부 보다는 언제 시작해 얼마나 오래 지속될 지가 관심사다.

또한 기후변화협약의 지속성이 의문시되었던 터라, 2015년 파리협정에서는 상황의 심각성과 도시와 도시 권역의 막중한 책임을 제대로 인식하는 것이 시급한 일이었다. 그런 만큼 대도시에서 우리 삶의 중심적인 위치에 있는 자치단체장들 및 의원들의 국제적인 협력을 조명해보는 것도 흥미롭다. 이들은 무엇보다도 지구의 온도 상승을 억제하는 것이 2050년까지 온실가스 배출 목표 수준에 도달하기 위한 정치적 경제적 도전임을 강조한다. 다른 어느 때보다도 각국 정상들은 세계도시의 시장들과 긴밀히 협력해야 할 것이다. 세계도시의 시장들은 시민들의 신뢰 속에서 시민들과 가까이 있다. 아울

---

[1] Emmanuelle Cadot, Alfred Spira, Canicule et surmortalité à Paris en août 2003. Le poids des facteurs socio-économiques, Espace urbain et santé, 2006/2-3, p.239-249. https://journals.openedition.org/eps/1383

러 단순히 국가 차원의 정치적 삶과 지역에서의 삶을 이어주는 매개자가 아니라, 정치적 삶의 중추이며 분명한 주역이다. 이들 각자의 전략적 비전과 역동성, 시민들의 존재와 참여 없이는 도시에서 아무 것도 이루어지지 않는다.

대규모 도시 건설, 천연자원 고갈, 대대적인 오염, 물 부족 스트레스, 그리고 삶의 질을 위협하는 시스템들은 기후 변화에 직면하여 우리의 건강뿐 아니라, 도시에서의 삶의 중심을 차지하며 식물, 물, 온갖 형태의 생명과 생물다양성이 얽혀 있는 생명의 사슬 전체를 위협한다. 대도시의 출현과 성장, 때로는 수백 킬로미터 떨어진 중소 도시까지 뻗치는 막강한 흡인력이 우리 삶과 관련된 도시와 농촌 공간, 생물다양성을 마구잡이로 뒤흔들어 놓는다.

프랑스 출신 우주비행사 토마 페스케가 2017년에 우리에게 보여준 지구의 멋진 이미지들을 기억한다. 지구에서 도시들이 차지하는 표면적은 2퍼센트에 불과하지만, 그 2퍼센트의 면적에 50퍼센트의 주민이 모여 살면서 전 세계 에너지의 78퍼센트를 소비한다. 도시에서 이산화탄소 배출량의 60퍼센트가 나오며,[2] 전 세계 부의 80퍼센트가 창출된다. 토마 페스케의 이미지들은 오염과 자원 불안 때문에 취약한 도시에서의 삶을 도드라지게 보여준다. 세계 각국의 수많은 도시들에서는 패러다임을 바꾸고 이제까지와는 다른 삶의 틀을 위한 구체적인 행동이 동반된 깊은 성찰이 진행되었다. 우리가

---

2 UN 기후행동. https://www.un.org/fr/clinatechange/cities-pollutions.html

호흡하는 공기의 질에서부터 물과 생물다양성, 그리고 새로운 식량 공급방식과 유통 방식, 삶의 질을 우선으로 하는 생활방식까지.

2013년에는 인간활동이 발생시킨 온실가스가 처음으로 400ppm을 넘어섰는데,[1] 400ppm이란, 그 수준을 넘어서면 인류의 미래가 심각한 위험에 처하게 되는 일종의 오염 상한선이다. 이산화탄소 배출 감축을 목표로 했던 1997년 교토의정서의 체결 이후, 배출량은 오히려 60퍼센트가 증가했다. 대도시들의 탄소 흔적이 70퍼센트[2]에 이르니, 명예롭지 못하게도 제일 중요한 기여자가 되었다. 전 세계적으로 도시화가 가속화되면, 이번 세기가 끝날 무렵에 인류는 생존 자체를 걸고 도박을 할 수도 있다. "앞으로는 무척 더운 날들이 계속 됩니다" "이번 달/사분기/해는 관측 이래로 가장 더운 달/사분기/해 였습니다"... 이와 같은 말들이 어디서나 어렵지 않게 들릴 것이다.

혹서가 시작될 무렵이면 어김없이 등장하는 야만 행위 또한 걱정스럽다. 우선, 물벼락을 맞고 시원해지겠다고 소방용 소화전을 깨뜨리는 일이다. '간헐천'처럼 물이 솟구치면 불과 몇 시간 만에 수백 개의 '수직 수영장'이 동네에 만들어진다. 나는 2017년 6월, 센생드니의 한 서민 동네에서 다음과 같이

---

1 대기 중 이산화탄소 분포, 마우나로아 관측소(GML). https://www.esrl.noaa.gov/gmd/ccgg/trends/
2 C40 도시의 소비 기반 온실가스(GHG) 배출량, C40 도시, 2018. https://www.c40.org/researches/consumption-based-emissions

기고했다. "최초의 기후난민들이 이미 도시지역, 열섬 현상으로 기온이 섭씨 35도를 훌쩍 넘어선 곳에 모습을 드러냈다. 기온은 우리가 참을 수 없는 지경까지 점점 더 오를 것이다. '수직 수영장' 또는 '도심 간헐천'은 해마다 여름이면 성행하는데, 비단 야만적인 행위라고만 할 것이 아니라 사회적인 의사 표현으로 간주해야 한다. 우리는 점점 더 극성을 부릴 이 행위의 뿌리가 어디인지부터 진지하게 생각해야 한다."[3]

도시에서는 도시의 규모나 위치와도 무관하게, 또 다른 극심한 현상들이 충격적인 이미지를 남기며, 각종 피해와 재앙, 인명 피해 등을 야기한다. '세계의 공장' – 대형 다국적 패션 기업에 값싼 노동력을 제공하는 나라들 – 가운데 하나로 꼽히는 방글라데시의 다카에서는 수천 명의 노동자들이 질겁해 일자리를 떠나는 바람에 공장이 문을 닫고, 도시마저 마비되는 경우를 자주 본다. 무슨 이유냐고? 높은 기온 때문에 수백 명의 남녀 노동자들이 하루 사이에 병이 나고, 그들 가운데 상당수가 입원하다 보니 그렇다. 물론 피로와 영양실조도 가세해 노동자들의 건강을 악화시킨다.

2013년, 태풍 하이얀이 최고 시속 360킬로미터의 무서운 속도로 필리핀을 강타했을 때 나는 마침 인근 지역을 탐방 중이었던 탓에, 본의 아니게 슈퍼태풍이 연출한 세계의 종말과

---

3 Carlos Moreno, Canicule : non, on ne peut pas télécharger la fraîcheur !, La Tribune, 2017. 6. 28. https://www.latribune.fr/regions/smart-cities/la-tribune-de-carlos-moreno/canicule-non-on-ne-peut-pas-telecharger-la-fraicheur-741718.html

도 같은 장면들을 목격했다. 태풍이 베트남 근처에서 소멸할 때까지 수십만 명의 기후난민들은 거처를 옮겨 무서운 바람을 피해야 했다. 나는 또한 스리랑카의 서남부 지역을 방문했던 기억도 생생하다. 기후 변화가 도시에서의 삶과 지역 역사 문화 유산 보존 등에 미치는 영향을 살피는 기회였다. 15년 만에 최악의 열대 계절풍이 휩쓸고 지나가면서 남겨놓은 피해를 지켜보아야 하는 건 정말이지 서글프기 그지없었다. 사망자가 2백 명에 이재민만 30만 명이라니!

아프리카 대륙 역시 기후 재해를 피해가지 못한다. 아프리카 도시들은 수백만 명의 생활을 위협하는 심각한 식량 불안에 정기적으로 직면하는데, 이는 기온 상승, 강수량 부족 등의 요인과 결합하여 사회적 갈등에 중대한 영향을 끼친다. 라틴 아메리카 남부 지역인 부에노스아이레스에서는 여름이 찾아올 때면 폭염을 알리는 경계경보마저 일상이 되어버린다. 그도 그럴 것이 매일 기온이 섭씨 40도 언저리를 맴도는 데다 지역에 따라서는 47도까지도 올라간다. 삶의 질 저하와 혹독한 기후 조건이 빚어내는 폭탄이 사회 폭동으로 이어지는 경우가 비일비재하다.

한편으로는 기온 상승, 다른 한편으로는 그에 따른 해수면 상승, 문제의 공통점은 둘 다 몹시 걱정스럽다는 것이다. 세계은행에서 진행한 한 연구는 이미 2013년에 우려 섞인 전망을 했다. 해안가 대도시들이 어떠한 해수범람 대책도 시행하지 않을 경우, 침수 피해 총액이 2050년이면 연간 1조 달러라는 천문학적인 액수에 이를 것이며, 결국 위험의 평면구형도를 통째로 바꾸어놓을 것이라고 했다. "오늘날 가장 위험에 처한 대도시들은 중국의 광저우를 필두로 미국의 세 도시, 마이애미, 뉴욕, 뉴올리언스다. 이번 세기의 중반 무렵이면 제일 큰 위험이 개발도상 도시로 옮겨갈 것이다. 선두 자리는 여전히 광저우가 차지하겠지만, 그 뒤로 인도의 뭄바이와 캘커타가 바짝 따라붙을 것이며, 마이애미와 뉴욕, 뉴올리언스도 여전히 10위권에 이름을 올릴 것이다. 이번엔 향후 50년 사이에 위험도가 가장 크게 증가할 도시를 꼽자면 양상은 완전히 달라진다. 알렉산드리아, 나폴리, 베이루트, 이스탄불, 아테네, 마르세유 등이 있는 지중해 주변 지역이 될 것이다."[1] 그리고 3년 후, 세계은행의 보고서는 "기후변화 때문에 이미 인류의 상당수가 빈곤 상태를 벗어나지 못할 뿐 아니라, 2030년 무렵이면 1억 명 이상이 빈곤선 아래로 떨어지게 될 것"이라고 경고했다.[2]

오늘날 세계를 돌아보면, 해를 거듭할수록 상황이 줄기차게 악화되고 있음을 확인할 수 있다. 기후 변화는 이제 현실이며 중요한 위협 요인이 되고 있다. 앞으로 다가올 수십 년 후에는 사회적, 영토적 생존이 걸린 문제가 될 것이다. 지구상엔 벌써 기후난민이 전쟁난민보다 많다. 유엔의 경제사회국

---

1   Stéphane Hallegatte, Colin Green, Robert J. Nicholls, Jan Corfee-Morlot, Future Flood Losses in Major Coastal Cities, Nature Climate Change, 2013. 8. 18. https://www.nature.com/articles/nclimate1979
2   Stéphane Hallegatte, Mook Bangalore, Laura Bonzanigo, Marianne Fay, Tamaro Kane, Ulf Narloch, Julie Rozenberg, David Treguer, Adrien Vogt-Schilb, Shock Waves: Managing the Impacts of Climate Change on Poverty, World Bank Group, 2016. https://openknowledge.worldbank.org/handle/10986/22787

(DESA)은 〈2018년 세계도시〉라는 보고서에서 '천재지변엔 국경이 없다'면서 인구 50만 명 이상 되는 1,146개의 도시들 가운데 679개가 사이클론, 홍수, 가뭄, 지진, 산사태, 화산 폭발, 혹은 이런 현상이 두 가지 이상 한꺼번에 일어나는 것에 취약하다고 지적한다. 유엔 재난위험경감사무국(DRR)과 재난역학연구센터(CRED)의 조사 결과에 따르면, 지난 20년 동안 자연재해로 인한 사망자는 130만 명에 이르며, 그 외 부상을 당하거나 집을 잃거나 긴급구호를 필요로 하는 사람은 44억 명이나 된다.[1]

유엔의 도시정책을 담당하는 유엔 해비타트는 천재지변에 대비하여 국가나 공동체들의 회복 탄력성을 증진시키는 전 세계적인 행동 실천에 참여하도록 호소한다. "모든 주역들은, 재앙이 닥쳤을 때, 인명을 구하고 자산을 보호하며 보장 서비스를 지속적으로 제공하기 위해 함께해야 한다. 따라서 계획 수립이 절실하다." 세계은행과 유엔 재난위험경감사무국이 2019년 6월에 공동 발표한 보고서는 홍수와 태풍, 지진과 산사태 등과 같은 자연의 불확실성에 직면할 때의 회복 탄력성에 대해 언급한다. 교량이나 송전탑같이 엄밀한 의미에서의 자산 보다는, 복원력을 강화하고 시스템과 사용자의 취약점을 찾아내는 일이 훨씬 간단하고 비용이 덜 든다는 것이다.[2]

---

1 사망자의 대부분(56퍼센트)은 지진과 쓰나미와 관련이 있지만, 가장 빈번한 재해는 홍수, 폭풍, 가뭄과 같은 수문 재해와 폭염이다. 이와 관련해서는 전체 피해 재민의 63퍼센트, 경제적 손실의 71퍼센트에 이른다. (Pascaline Wallemacq, Rowena House, Economic Losses, Poverty & Disasters (1998-2017), UNDRR and CRED Report, 2018)

도시가 해를 거듭하면서 점점 더 광물성이 되어가는 데에는 몇 가지 요인이 있다. 마구잡이식으로 도처에서 올라가는 건물들, 거의 1세기 동안 자동차에만 의존해온 도시에서의 이동, 기후변화에 대한 인식 결여 등. 생물다양성을 기능적인 것으로만 축소해 공원 한귀퉁이에 처박아두기만 한다. 다시 말해 여가를 위한 공원, 광물성과 식물성 사이에 교배가 일어나는 공간은 부재하는 것이다. 식물은 기후에 대해 중대한 영향력을 행사하는 데도 말이다. 현재의 모델을 깊이 재고하지 않고서야 어떻게 대규모 빌딩 군 속에서 앞으로의 삶을 상상할 수 있을까? 의심할 여지없이, 가까운 장래에 사회적 위험 인자가 될 것이다.

하나의 생명인 식물은 탄소를 취하고 도시 전체의 신진대사에도 참여한다. 무엇보다도 도시에서는 인간관계의 매력과 질을 향상시키는 요소가 된다. 그러니까 식물은 탄소를 거두어들일 뿐 아니라 인간까지 맞아들인다. 밀집해있고 심지어 아주 과밀하지만 식물이 있는 도시는 이른바 '탈출', 그러니까 주민들이 어딘가로 녹색을 찾아나서는 이동을 줄이는 도시다. 이는 이동성에 직접적인 영향을 끼치며, 궁극적으로 시간 도시계획(chrono-urbanism) – 사회적 삶의 질을 보장하고자 새로운 도시 리듬을 찾는 도시계획 – 을 향상시키는 방향으로 나아간다.

---

2 Stéphane Hallegatte, Jun Rentschler, Julie Rozenberg, Lifelines: The Resilient Infrastructure Opportunity, World Bank Group, 2019. https://openknowledge.worldbank.org/handle/10986/31805

녹화(綠化)는 수자원 관리와 연동된다. 수자원 관리는 도시 관리에서 최우선 과제로, 이와 관련된 문제의식은 다양하다. 우선, 점점 더 먼 곳에서 물을 끌어와야 하는 공급의 어려움, 너무 빠른 물 증발 또는 부족한 강수량, 과도한 강수량, 불과 몇 시간 사이에 몇 달 동안 내릴 비가 한꺼번에 퍼붓는 집중형 강수 등이다. 이 같은 물 공급 교란은 농업 분야의 가치사슬과 시스템에 손상을 끼치며 도시에서의 삶에도 영향을 준다. 때문에 도시에서 물의 순환 주기는 향후 십 년을 위해 반드시 고려해야 할 것 가운데 하나이다. 자연, 녹화, 물이라는 세 요소가 수렴하여 도시 전환에 투사될 때에야 그 전략적 의미와 효과를 발휘할 수 있을 것이다.

그런가 하면, 에너지 전환 패러다임은 탈탄소 재생 가능 자원으로 변경하는 것이 우선적이나, 식물의 가치 재고와 물의 순환주기 회복이 하나로 수렴되는 정책이 아니면 그 효과는 미미할 것이다. 공원, 그린 인프라 망, 물의 자연적인(수로, 하천, 운하 등) 혹은 인공적인(수공간, 물의 거울[1]) 순환주기 회복, 물놀이 공간 조성 등은 오늘날 모두를 위한 도시 디자인에 화답하는 일련의 행동이라고 할 수 있다. 도시 공원, 개방된 여가공간 조성을 목적으로 활동하는 세계도시공원 연대[2]는 전 세계의 아이디어와 모범 사례들을 소개하고 모든 주역들을 조직하며 분명한 진전을 보여주고 있다. 자연 보존과 여가 활

---

1 바닥에서 수증기를 분사하여 얇은 물안개가 뒤덮이도록 한 공간으로 도시 수변공간을 활성화한다. - 편집자
2 세계도시공원(WUP). https://worldurbanparks.org

동, 스포츠와 주민들의 건강과 관련된 것들은 부수적이 아니라 본질적이다.

교통수단 선택, 자가용 차를 비롯한 내연기관을 포기하자는 논쟁을 넘어서, 20세기식 생활방식, 특히 우리가 답습하는 에너지 생활방식을 포기하는 것이 중요함을 꼭 이해해야 한다. 기후변화에 관한 정부간 협의체(IPCC)와 글로벌 에너지 평가[3]는 2012년에 벌써 이를 위한 기준을 명확히 밝혔는데, 도시지리적 경제, 소비 방식, 최종 수요의 효율성, 그에 따른 인프라 형태 등이 포함된다. 대도시의 탄생과 병합 현상, 심지어 초거대도시가 등장할수록 공간의 파편화, 밀집성, 인구사회학적 구조라고 하는 삼총사에 끼치는 정치적 결정의 영향을 통찰력있게 관찰하여야 한다.

이른바 '도시 외곽에서의 삶'과 자동차의 조합은 공간에서나 밀도에서나 불연속성을 보이며 사회적 격차를 부추기며 대도시권을 확장시켰다. 이런 조합은 남-북, 동-서로 단일한 기능 효과, 일터/거주지의 지리적 분리, 소비 중심적 생활방식에 의해 강화되었으며, 특히 녹지와 휴식공간의 부재로 말미암아 한층 더 첨예화되었다. 이렇게 되면 도시 동맥경화, 즉 과도한 차량 이용과 교통 정체가 일으키는 현상을 피할 수 없다. 특히 하나의 생활방식으로 굳어진 자가용 승용차 이용이 이를 한층 더 악화시킨다. 실제로 자가용 승용차는 이동 수단이

---

3 글로벌 에너지 평가(GEA). https://iiasa.ac.at/web/home/research/Flagship-Projects/Global-Energy-Assessment/Home-GEA.en.html

기에 앞서, 중산층의 사회적 지위를 표현하는 수단이자 성공과 지위의 상징이 되어버렸다.

우리 주변에는 기후 변화와 생물다양성 상실이라는 결과를 키우는 또 하나의 요인이 있다. 도시는 나날이 발전하고, 비대해지며, 농업지역과 자연지역으로까지 세를 확장한다. 비록 우리가 푸른 별 지구에 살고 있긴 하나, 우리 거주의 핵심 자원은 대지와 토양이다. 그런데 기반시설의 발전과 궤를 같이 하는 도시화의 확장세로 말미암아 대지는 용도 변경이 거듭되면서 나날이 황폐해지고 있다. 이를테면, 토양의 방수포장은 유럽 인구보다 두 배나 빨리 증가해왔다.[1]

파리 기후변화협약 당사국 총회(COP21)보다 앞서 유럽연합이 2012년에 발표한 보고서[2]는 콘크리트나 아스팔트 같은 불투수성 자재 포장이 토양 피폐의 주요 원인 가운데 하나임을 지적했다. 유럽에서는 지금도 해마다 1천 평방킬로미터 이상의 토지와 숲이 기반시설로 잠식당하는데, 이중 절반이 인공 자재(타르, 콘크리트)로 방수 처리되고 있다. 이러한 불투수성 토양 작업은 홍수와 물 부족을 증가시키는 한 원인으로 지목되며, 지구 기온 상승과 생물다양성에도 심각한 위협이 된다. 토양의 물 정화, 유기물 재생, 식물 성장을 제약할 뿐만 아니라, 이로 인한 식물성 표토 상실은 탄소 저장, 온도 및 기

---

1   https://ec.europa.eu/environment/soil/pdf/guidelines/pub/soil_fr.pdf
2   Objectif zéro artificialisation nette : Quels leviers pour protéger les sols ?, France Stratégie, p.19, 2019. 7. https://www.strategie.gouv.fr/sites/strategie.gouv.fr/files/atoms/files/fs-rapport-2019-artificialisation-juillet.pdf

후 조절 기능과 산소 생산을 저하시킨다.

공간의 파편화와 더불어 불투수 토양피복, 자원 고갈까지 더해지면 지역 생물다양성은 점점 큰 압박을 받는다. 이러한 상황에서야 말로 진정한 의미의 정치가 개입하여 지역에 필요한 정책을 결정해야 할 것이다. 언제까지고 이 상황을 민간과 민간 개발업자의 자유 의지에만 맡겨놓을 수는 없다. 동네와 도시, 나아가 대도시 차원에서, 사적 공간과 공적 공간, 생물다양성과 공공재 사이에 필요한 균형을 유도하려면 일관성있는 규제가 꼭 필요하다. 그러므로 시급하게 해야 할 일은 다음과 같다.

- 기능적 혼합과 다양한 경제 활동을 재편하는 정책을 추진하여 공간적인 연속성을 책려하는 일
- 물, 물길, 녹지대의 회복 등 진정한 도시공원을 창조하고 도시인의 문화를 개발하는 질적 방법을 필히 제공하는 일
- 연결성을 독려하고 지역에서의 삶을 재발견, 즉 걷기나 자전거 타기처럼 능동적인 이동 수단을 통해 지역을 발견하는 일
- 혼합과 다양성을 제공하기 위해 다른 분야와의 물리적, 사회적 연결을 용이하게 하는 일. 여기엔 모든 형태의 공통계를 두루 섭렵하는 작업이 전제된다.

우리의 삶이 달라지려면 우리의 도시가 달라져야 한다! 순환경제 원칙을 표방하는 지속 가능한 도시가 되기 위해서는

지금까지와는 다른 개발 모델을 채택해야 한다. 가령 무한 재활용 쓰레기가 도시화 과정의 자양분이 되도록 하려면 우리의 사용 원칙과 소비 원칙이 근본적으로 달라져야 하는 것이다. 지금까지와는 다른 방식으로 이동하고, 다른 방식으로 일하는 도시여야 할 것이다. 또 탈탄소 도시로 완전히 전환하기 위해서는 에너지와 천연자원을 절약하는 새로운 경제 모델이 필요하다. 뿐만 아니라 거버넌스와 세제, 시장 규제, 규범 등에 관한 패러다임도 절대적으로 개혁해야 한다. 무엇보다도 디지털과 기술혁명에 힘입어 시민들이 새로운 이용방식에 접근할 수 있게 함으로써 시민들의 행태를 획기적으로 변화시켜야 한다.

2017년, '유동하는 현대(Liquid Modernity)'라는 개념의 창시자인 위대한 사상가 지그문트 바우만의 사망에 즈음해, 나는 한 편의 글에서 그에 대한 경의를 표하며 도시 삶의 변화에 필수불가결한 문화적 각인을 언급한 그의 글을 인용한 적이 있다.[1] 나에게는 영감의 원천이 되어준 이 폴란드 출신의 철학자이자 사회학자로 인해, 기후변화와 자원 고갈에 대처하는 근본적인 해답으로 다중심적, 다용도적인 도시를 다시 생각할 수 있었다. 또한 그 도시의 물질적이고 비물질적인 윤곽을 상상해볼 수 있었다.

---

1 Carlos Moreno, Climat : quelle empreinte pour nos villes ?, 2017. 1. http://www.moreno-web.net/climat-quelle-empreinte-pour-nos-villes/
2 Zygmunt Bauman의 《유동하는 삶(Liquid Life)》[2005]을 보시오.

"세계화는 '사이버 공간'에서 전개되지 않는다. 즉 머나먼 '다른 곳'이 아닌 여기, 당신들 주위에서, 당신이 거니는 거리에서, 당신의 안에서 일어난다. […] 오늘날의 도시는 세계화 과정의 침전물이 차곡차곡 쌓이는 폐기물 처리장 같다. 도시는 또한 하루 24시간, 일주일에 7일 내내 열려 있는 학교이기도 해서, 사람들은 다양한 인간 군상과 더불어 같이 사는 법을 배우며, 어쩌면 그렇게 하는 데에서 즐거움을 맛보기도 할 것이고 더는 차이를 위협으로 간주하지 않게 될 것이다. 차이 속에서 함께 사는 법을 배우고, 차이가 상징하는 위협은 위협대로, 기회는 기회대로 직면하는 건 주민들의 몫이다. '도시의 컬러풀한 풍경'은 '혼합애호'와 '혼합혐오'의 감정을 동시에 불러일으킨다. 서로 다른 '문화적 색채'를 지닌 이웃과 일상적으로 상호 작용하다보면, 그것을 '문명의 충돌'로 간주할 때는 끔찍해 보일 수 있는 현실마저도 길들일 수 있게 된다."[2]

도시의 제 목소리를 전세계적으로 표출하는 데에는 도시기후리더십그룹(C40) 같은 네트워크가 상징하는 결집 역량이 관건이 된다. 말하자면 우리가 살아남기를 원한다면 반드시 바꿔야 하는 세계를 위한, 세계도시들의 정치적 자각을 우리는 목격하고 있다. 제 일선에 선 C40 또는 다른 도시 네트워크, 즉 파리, 뉴욕, 로스앤젤레스, 시카고, 포틀랜드, 서울, 도쿄, 메데인, 부에노스아이레스, 시드니, 오클랜드, 밴쿠버, 토론토, 몬트리올, 키갈리, 퀼른, 첸나이, 광저우의 행동은 매우 고무적이다. 비록 갈 길은 아직 멀지만 말이다.

우리와 우리의 미래 세대에게 반드시 저탄소 세계가 필요하다. 모든 지능이 그렇듯 도시 지능도 변화, 특히 우리의 관심에서 보자면 환경 변화에 적응하는 역량이라 하겠다. 도시들은 구체적인 해결 방안을 제시해야 한다. 국가 차원의 해결책에 대비해볼 때, 각 도시의 해법은 상호 보완적이거나 실책을 보상하는 식이 될 것이다. 도시화는 하나의 사다리를 만들었고, 우리는 그 사다리를 한 단계씩 올라가면서 참여 수단들을 통해서 귀감이 될 만한 실천 방안을 구현할 수 있다. 시민의 삶의 질을 지키기 — 모든 선출직 종사자들의 궁극적인 목표 — 위해서 지자체장들은 대기질, 수질, 이동성, 주거, 건강, 기후 등을 결합하는 시스템적 비전을 실현하는 역량을 키워야 한다. 파리 기후협약 이후에 도시의 위상은 그 어느 때보다도 높아지고 있다. 이를 모두가 인정하는 만큼, 시장과 도지사, 시의원, 국회의원과 도시 생태계는 향후 몇 십 년 동안 지울 수 없고 번복할 수 없도록 중요한 역할을 수행해야 하지만, 이는 강력한 재정적 뒷받침, 아울러 시민들의 참여와 영토 내 생태계의 유동성 없이는 불가능할 것이다. 그러므로, 전략적으로, 도시며 대도시들이 국가에 맞서서 확보할 수 있는 거버넌스와 자치의 범위에 대해 질문해보아야 할 것이다.

"행동 반경을 넓히기 위해서는 녹색 재원으로 접근하기가 용이하고, 예산의 자율성과 규제 권한을 보장받을 수 있어야 한다." 이것은 2015년 파리 기후협약과 동시에 개최된 '천 명의 시장단'에서 나온 공동선언 내용이었다. 각 지역 대표들의 회담은 하나의 '긍정적인 압력'을 행사하는 데 성공적이었다.

또한 총회 기간 동안 처음으로 유럽과 전 세계의 주요 도시 네트워크들(UCLG, ICLEI, C40 도시, AIMF, CCRE 등)[1]이 '기후문제 해결에 앞장서는 천 명의 시장'이라는 기치 아래 구체적인 행동 방안을 논의했다. 전기버스 운행, 도심 진입 차량 금지, 도시 고속도로를 산책로로 전유, 하천이나 강변 기슭에 공원 조성, 낡은 건물을 에너지 고효율로 현대화, 지붕이나 담벼락에 식재, 도시농업의 재발견, 그리고 대기 질의 측정 감시뿐만 아니라 모든 생활, 모든 차원의 주역으로서 시민의 관여 등이 포함된다고 할 수 있다. 이에 서명한 많은 도시들이 이미 실현에 옮겼다. 미래는 그들의 것이며, 그들이 벌이는 전투는 우리 각자의 전투이기도 하다. 국가 차원의 거버넌스가 패러다임을 바꾸기 위해 애쓰는 모든 이들을 존중하고, 경청하며, 대화하는 법을 배우고 익혀야 한다.

도시의 세기에, 우리의 삶이 변화할 수 있도록 그들 편에 결집하자. 분명 우리를 위한 일이지만, 무엇보다도 미래 세대를 위한 일이기도 하다. 또한 기후 변화와 도시에서의 경제적 사회적 정의를 척도로 생태학을 새롭게 이해해야 할 것이다. 그리하여 공동의 자산을 위한 변신이 앞으로 다가올 십 년의 우리 과제임을 견지해 나아가야 한다.

---

1 세계지방정부연합(UCLG) https://www.uclg.org/ 지속가능성을 위한 세계지방정부협의회(ICLEI) www.iclei.org/ C40 도시 https://www.c40.org/ 세계 프랑스어권 시장 연합(AIMF) https://www.aimf.asso.fr/ 유럽자치단체 및 지방 의회(CCRE) https://www.ccre.org/en/

3

도시의 복잡성
―
다중심 도시:
불완전한, 미완성의, 취약한

우리는 1만 년 전 마지막 빙하기가 끝난 이후부터 '충적세'라고 부르는 지질학적 시대에 살고 있다. 충적세의 주요 특성으로는 기후변화를 중대하게 꼽을 수 있는데, 온난한 기후에서 인구가 급증하고, 농업으로의 전환이 정착화 과정과 맞물려서 진행되었다. 인간이 각종 재료와 불을 다루는 능력뿐만 아니라 예술적인 표현 역량까지 갖추었다는 사실은 인간에게 제한된 면적에서 항시 자신의 존재감을 확인시키려는 의지가 있음을 보여준다. 유럽의 경우, 지브롤터의 고람 동굴[1] 벽에서 거주 공간의 경계를 표시하는 십자가 – 3만 9천 년 된 것으로 확인되었다 – 가 발견되었는데, 오늘날까지 인간이 땅을 점유하는 행위는 인간의 고유한 활동인 전환 작업과 항상 연결되어 있다. 인류세로 접어들면서 우리는 환경을 변화시키는 인간의 역할을 강조했다. 정주 공간의 정복으로 많은 사회 영토적인 표현이 생겨났는데, 이 모두가 승리, 대결, 전쟁 같은 단어와 연결되며, 자신의 힘을 공고히 하기 위해 보다 많은 자원, 보다 많은 수단을 자기 것으로 만들려는 목적의식을 보여준다.

인류는 4만 년이라는 시간을 들여 1960년에야 지구 5대륙의 인구가 30억 명이라는 기록을 작성했다. 이 30억 명은 제각기 다른 기후, 다른 위도 상에서 한정된 면적 안에 모여 산다. 반면, 똑같은 인류가 30억 명에서 두 배로 불어나고, 그 가운데 절반 이상이 도시에 살게 되기까지는(2014년) 불과 40년이라는 세월로 충분했다.[2] 도시는 왕국, 제국, 국민국가, 국가보다 오래 살아남았을 뿐 아니라 무수한 전쟁과 모든 위기에도 굳건히 살아남았다. 도시는 본질적으로 다른 어떤 사회 영토적 구조보다 지속가능하다. 도시는 견고한 지표이며 주민들이 어제와 오늘, 내일의 도전에 맞서 자기표현을 할 수 있는 토대이다.

그런데 20세기 중반부터 '인간과 자연 사이에는 불안한 단절'이 관찰되었으며, 이 단절로 말미암아 인간의 장래가 약화되는 건 아닌지 우려를 낳았다. 단절은 지난 20년 동안 한층

---

1 이 동굴이 발견되면서 네안데르탈인의 추상적인 사고 능력을 비롯해 그들의 삶을 제대로 이해하게 되었다. https://whc.unesco.org/en/list/ 1500/
2 Department of Economic and Social Affairs, Population Dynamics, UN, World Population Prospects

가속화되었으며, G8에서 유엔에 이르기까지 다양한 교류와 토론의 장, 수많은 규제 기구가 존재함에도 불구하고 우리의 상황은 계속 나쁜 쪽으로만 기울어졌다. 이러한 단절은 급팽창하는 도시에서의 분주하고 번잡한 생활과, 지나친 생산-소비에 기반한 사회 모델이 결합하면서 비롯되었다. 이보다 더 심한 건, 이 단절로 인해서 생물 – 인간도 생물의 하나다 – 의 복잡성, 자연 생태계의 바탕이자 공통계의 또 다른 핵심 요소 – 공기, 물, 불, 대지 – 와 분리되기에 이르렀다는 점이다.

우리는 주로 도시화된 영토, 즉 대기가 심각하게 오염된 곳에서 사는데, 이러한 상황은 여느 대도시나 마찬가지다. 물은 희귀재가 되었거나, 혹독한 기후 때문에 제어하기 힘든 자원이 되어버렸다. 잘 길들여져 에너지원이 된 불은 화석 에너지를 과다 사용하는 오염원으로 손가락질 받는 처지가 되었다. 화석 에너지란 20세기의 패러다임을 상징하는 것으로, 열기관과 도시의 냉난방 네트워크 등을 대표 주자로 꼽을 수 있다. 한편 먹을 것을 제공해주던 대지는 혼란스러운 도시화 과정에 놓인 요즘의 인류에겐 삶, 아니 생존의 관건이 되었다. 한 조각 땅 – 여기엔 도시 영토도 포함된다 이라도 차지하려고 비공식 정착민들이 벌이는 영토 투쟁(실제로 벌어지는 극적인 상황을 묘사하기엔 지나치게 완곡한 어법!)은 특히 지구의 남쪽과 동쪽 지역에서는 상수로 간주해야 한다.

우리는 우리 사회를 구조화하면서 복잡성을 완전히 간과한 탓에, 다시 말해서 인간을 뒷전으로 제쳐두었기에 스스로 고통받고 있다. 중앙 집권적이고 수직적인 관리가 인간의 삶을 파괴하여 더는 인간을 중심으로 삶이 구축되지 않는다. 인간은 이제 기하급수적으로 성장하는 세계도시의 주민이 되어 산다. 19세기의 산업혁명, 20세기 초반의 국민국가 강화, 21세기 디지털 혁명의 부상, 여기에 잇단 국가 차원의 거버넌스 위기는 도시화, 초거대도시화와 궤를 같이 한다.

인구 이동, 에너지 수급, 원자재 흐름 관리, 교통과 통행량, 기후변화의 영향, 천연 재해 또는 위기 상황 등 우리가 살면서 마주치는 현상들을 이해하려면, 상호 작용과 연결, 다양한 집단 사이의 네트워크 등을 연구하고 그 기제를 이해해야 한다. 하나의 도시 안에는 무수히 많은 수요와 사용법, 서비스, 흐름 – 식품, 주거, 환경, 교육, 문화, 교통, 건강, 안전, 에너지, 폐기물, 커뮤니케이션 등 – 이 존재하므로, 전체를 관통하는 역학 속에서 모델화하고 분석하며 이해함으로써 이제까지와는 다른 방식으로 해결책을 고안해낼 수 있다.

이러한 상호의존성은 새로운 행동양식과 변화에 대한 적응성이라는 두 가지 내재적 요소와 같이 움직인다. 자연, 자원, 생산성, 소비, 기술, 디지털 혁명 등은 인간이 그것들을 점유하여 자신의 운명을 개척해 나가는 방식과 밀접하기 때문이다. 컬럼비아 대학의 티모시 미첼 교수는《탄소 민주주의》에서 정치체제, 에너지 자원, 삶의 방식이 상관관계를 맺고 있음을 보여준다.[1] 그는 정치체제가 어떻게 사회의 역사에 영향

---

1 Timothy Mitchell, Carbon Democracy[2011](탄소 민주주의, 생각비행, 2017.)

을 미치고 이런저런 에너지 자원을 개발해왔는지를 연구했다. 이는 20세기 후반 이후, 석유 산업과 금융 집단이 하나로 똘똘 뭉쳐 뚜렷하게 존재감을 드러내는 현상에서 확인할 수 있다. 이들이 출현시킨 새로운 행태가 상호 작용하고 지배하면서 우리 삶에서 가장 일상적인 몸짓까지도 좌우하게 되었다.

새로운 시간성은 전 지구적으로 돌이킬 수 없는 현상이 되었다. 인구가 희박한 저밀도 지역에서조차 도시화 현상이 목격된다. 마치 그것이 인간으로서의 자격을 나타내는 표현인 것처럼, 자신의 존재를 표시해야만 활동 전체에 리듬이 부여되기라도 하는 것처럼. 건축은 점점 더 수직화되고 경제는 3차 산업이 비대해지며, 도심에서는 젠트리피케이션이 일어나고, 도시별 기반 시설은 서로 연결되면서, 재분배는 도시지역에서나 이루어진다. 이 과정은 이른바 '연담도시(conurbation)', '대도시', '거대도시' 또는 '초광역' – 용어는 연구 대상의 규모를 어떻게 잡느냐에 따라 달라진다 – 이라고 불리는 현대의 도시 현상으로 보편화된다. 이렇듯 기하급수적으로 일어나는 변화는 대량 생산-소비 모델과 더불어 단기간에 네 개의 상관 관계적 위험 지표를 만들어냈으니, 바로 위협받는 환경, 사회 계층의 고착화, 위험 공간의 분리, 그리고 문화 정체성 상실이다.

사람들을 끌어들이는 매력적인 도시, 승리하는 도시는 패배하는 도시와 짝을 이루며, 도시의 부는 사회의 불안과 떼려야 뗄 수 없는 변증법적 관계에 놓인다. 문화유산으로 빛나는 도시는 중대한 야만 행위의 먹잇감이 되는 도시이기도 하다. 비즈니스 도시는 뉴욕과 퀸스, 상하이와 푸동, 도쿄와 신주쿠처럼, 생존을 위해서는 하루에 '쓰리 잡' 정도는 뛰어야만 입에 풀칠이라도 할 수 있는 빈곤의 도시와 함께 간다.

복잡성의 근원이 되는 상호 의존성, 상호 작용, 적응성, 돌발적인 출현 등은 모든 삶의 요소들 속에서 작동한다. 이 같은 시스템 분석에서 출발하여, 나는 기반시설과 디지털 상호 작용이라는 관점뿐만 아니라 늘 경쟁하는 도시들의 경제적 번영과 매력에 관심을 갖되 공간의 수요와 사회적 전유라는 인간의 프리즘을 통해서 도시를 들여다보고자 했다. 하나의 도시는 무엇보다도 하나의 맥락이자 삶과 공유의 터전으로, 고유한 개성, 다시 말해서 고유한 복잡성을 지닌다. 도시는 그곳에 사는 주민들과 그들의 공동 계획, 살아 움직이는 프로젝트의 형상을 본 딴 역사의 산물이다. 이러한 결합과 그 결합이 함축하는 복잡성을 고려하는 것은 매우 중요하다.

공유 자동차를 예로 들어 보자. 유럽의 대도시들에서 공유 자동차는 매우 긍정적으로 평가받는데, 주민들은 환경 개선에 일조하면서 교통비용도 줄일 수 있는 방법으로 본다. 라틴 아메리카나 미국의 경우, 자동차는 늘 사회적 지위를 상징하는 강력한 기호이기 때문에 공유 자동차의 사회적 수용성은 매우 낮다. 마찬가지로, 프랑스를 포함한 남부 유럽에서는 자전거처럼 환경 오염도가 낮은 이동 수단에 대한 저항이 크다. 북부 유럽 도시에서 자동차 보다 자전거 이용을 선호하는 문화가 이미 오래 전부터 자리 잡은 것과는 대조적이다.

맥락의 차이에도 삶의 질 향상이라는 공동의 목표를 설정하기란 얼마든지 가능하다. 도시의 복잡성을 중심으로 이해하려는 방침이 최근에는 결정적인 전기를 맞게 되었음에 기쁨을 표한다. 지역별 거버넌스가 사회 통합, 도시 인프라의 재편, 기술혁명이라는 세 가지 축을 중심으로 수렴해 나가는 적극적인 행동에 돌입했기 때문이다. 그러나 극도로 수직적인 통치 조직은 과제를 직업별로 분리하려 한다. 이것이 변화의 걸림돌로 작용하기 쉽다. 그렇다, 도시의 복잡성은 일종의 인풋 데이터로, 이를 이해하지 못 한다면 도시의 변화에는 제동이 걸린다. 또한 도시를 위해 일하는 주역들로 하여금 모든 도시에 내재적인 특성, 즉 모름지기 도시란 현재에도 미래에도 항상 불완전하고 불충분할 것이라는 사실을 잊게 만든다.

이상적인 도시란 존재하지 않는다. 도시는 항상 건설 중이고, 항상 발전 중이며, 항상 보수 중이다. 그 도시를 이끄는 지도자들의 비전이 어떻든지, 도시는 항상 불완전할 것이다. 도시엔 늘 무례함, 기능 장애, 공해 등이 있기 마련이다. 이런 것들은 도시라는 세계의 구성 요소들이다. 비영속성은 도시에 늘 따라다니는 속성이다. 모든 도시는 허약해서 아주 작은 교란으로도 고장 나기 십상이기 때문이다. 이와 같은 복잡성을 고려할 때, 거버넌스는 겸손이 필수다. '나로 말하면' 같은 자기도취적인 언사를 입에 달고 사는 습관은 끊어내야 하며, 이전에도 있었고 이후에도 여전히 존재할 도시와는 달리 통치자의 자리란 잠시 머물렀다 떠나갈 뿐임을 명심해야 한다. 또 그렇기 때문에 공동재를 구성하는 기본 요소들에 대해서는 일정 수준의 지속성을 보장해야 한다.

 수천수만의 얼굴을 가진 도시에서, 우리를 도시의 몸체와 정신이라는 미로 속으로 안내하는 아리아드네의 실타래는 점진적으로 변해왔다. 대대적인 유비쿼터스와 그로 인한 즉각성을 보장한 21세기의 첫 발자국은, 도시 세계, 그리고 도시 삶에 대한 표상과 지각의 관계를 급진적으로 바꿔놓았다. 보르헤스의 《알레프》[1]에서처럼, 사회관계망 서비스를 제공하는 뉴미디어는 도시의 곳곳에서 본 장소를 구현한다. 도시에서 벌어지는 일은 모두가 모든 형태로 접근 가능한 현실이 된다. 아주 사소한 변화, 아주 사소한 기능 장애까지도 모두가 볼 수 있다. 다시 말해서 무수히 많은 시선에 노출된다.

 도시가 복잡한 시스템이라는 말은 수많은 도시 구성 요소들 간에 존재하는 강력한 상호 의존성을 표현하는 아주 통상적인 말이 되었다. 반면, 이 복잡성을 앞으로 변화의 과정 안에 제대로 자리 매김시키는 것은 가장 어려운 과제이다. 도시의 이미지와 실제 복잡성 사이의 격차가 바로 오늘날 우리가 안고 있는 문제의 핵심이 된다.

 파리의 에투알 광장은 처음부터 열두 개의 차로가 방사형으로 뻗어나가는 원형 교차로는 아니었다. 1854년까지, 그러니까 제2 공화국에서 제2 제국[2] 초기까지 에투알 광장은 경마

---

[1] Jorge Luis Borges, El Aleph[1949](알레프, 민음사, 2012.)
[2] 프랑스 제2 공화국은 1848년에서 1852년까지, 제2 제국은 1852년에서 1870년까지로 나폴레옹 3세의 통치 기간을 말한다. - 편집자

장을 품고 있는 도심 공원, 즉 여가와 산책을 위한 장소였다. 그 후 얼마 지나지 않아 오스만 남작이 진두지휘하는 도시계획³에 따라 수많은 공사장들이 들어섰고, 그때 파리의 변신 물결을 두고 보들레르는 시집《악의 꽃》에 실린 '백조'라는 시에서 다음과 같이 읊조린다. "도시의 모습은 애석하게도, 인간의 마음보다 더 빨리 바뀐다."

1960년대에서 1970년대 초, 또 한 번 파리는 거듭되는 공사들로 파헤쳐졌다. 프랑스 국립시청각연구원(INA)에 보관 중인 자료들은 이 무렵의 파리시에 대해 '가림막과 바리케이드의 도시'라고 묘사한다. 우선, 진정한 자동차 숭배가 생겨나던 시기에 제일 먼저 도로가 정비된다. 파리시 외곽순환도로는 1956년에 파리시를 둘러싼 도로인 '장군들의 대로'와 나란히 가는 35킬로미터 구간의 고속화 도로를 건설하는 것으로 시작되어 1973년에 마지막 구간이 완성되었다. 본래 가족 혹은 친구들과 여가를 즐기는 산책로였던 센 강 우안의 길들도 자동차 전용 도로로 바뀌었다. 마찬가지로 고속광역철도(RER)는 1965년 국토개발 및 도시계획 수립에 따라, 파리와 수도권 지역을 신속히 연결하기 위해 구상되었다. 이 외에 몽

---

3 이 계획의 큰 방향과 아이디어는 나폴레옹 3세로부터 나온 것이었고 당시 파리 시장에 임명된 오스만은 이를 한치의 오차도 없이 실행에 옮긴 집행관이었다. 각종 공공시설의 건설, 상하수도망 확충, 정원과 공원 조성, 도로망 정비 등이 포함되었는데, 가장 특징적인 것은 구불구불했던 중세식 가로를 직선화한 것이었다. 이 사업에 대한 평가는 긍정과 부정이 공존하며, 오스만식 도시계획 사업은 프랑스의 여러 지방도시(리옹, 몽펠리에, 루앙, 아비뇽, 낭트, 오를레앙 등)로 전파되었다. - 편집자

파르나스 타워를 중심으로 하는 주변 지역의 개발도 그 시기에 진행되었다.

대규모 건설 사업의 목록을 작성하자면 상당히 길어지는데, 결국 '도시 조성'에 관한 비전을 반영한다고 할 수 있다. 또한 이러한 목록은 거주 방식, 노동 방식 등과 두루 관련이 있으며, 사회적 기능들이 작동되는 방식을 드러낸다. 가령 파리 도심에 있던 도매시장 '레 알'을 렁지스로 이전하고 그 자리에 복합 쇼핑몰 포럼데알을 건축한 예를 들 수 있다. 그 계획은 거의 10년 공사 끝에 1979년 10월, 당시 파리 시장 자크 시락이 준공 테이프를 끊었다. 그런가 하면, 예술에 관해 혜안이 있었던 조르주 퐁피두 대통령은 보부르 센터[1] 건축계획을 내놓았고, 이 센터는 여러 해가 지난 1977년에야 문을 열었다.

이런 식으로 기념비적인 대역사를 계속 열거할 수 있을 터인데, 요즘엔 '도시의 평안'을 추구하는 것이 추세인지라 그런 것들은 빨리 잊힌다. 그런데 현실은 전혀 딴판이다. 도시는 언제나, 어디서나 변화를 거듭하며, 이 점이야말로 도시의 가장 중요한 특성 중 하나다. 도시는 계속되는 도전에 끊임없이 진화해야 한다. 이미 오래 전부터 존재하는 유체 네트워크(전기, 물, 가스, 열)를 어떻게 유지해야 할 것인가? 새로운 사용을 함

---

[1] 보부르 센터 혹은 퐁피두 센터가 들어선 보부르(Beaubourg) 지역은 당초에 빈민가였으며, 1930년에 철거하기 시작해 1만 8천 평방미터에 달하는 황량한 공터로 있었다. 이를 1960년대까지 주차장으로 사용하다가, 여기에 1970년 국제공모를 통해 당선된 복합문화시설 건축안이 1972년에 착공되었다. - 편집자

축하는 새로운 기술(광섬유, 자전거 접속단자, 공유 자동차 등)을 어떻게 구현할 것인가? 대규모 건물 단지를 어떻게 유지 관리할 것인가? 이러한 질문에는 도시 환경과 생활방식의 변화가 수반된다. 곧 다가올 미래엔 기후변화의 영향을 약화시키기 위해 우리의 생활방식이 훨씬 더 급격하게 바뀔 것이고, 도시 또한 근본적인 변화를 겪게 될 것임을 모르는 척 한다면, 그건 곧 궤변이거나 무분별한 작태일 것이다.

전 세계의 많은 도시들이 기후 긴급사태를 선포했으며, 심도 있는 변화를 위해 뛰고 있다. 북극의 기후마저 급격한 변동을 겪고 있어서, 북극위원회가 진행하는 북극 감시 및 평가 프로그램에 속한 과학자 80명의 연구 발표 SWIPA[2]에 따르면, 지구촌 주민들은 물론 세계의 자원과 생태계에 심각한 결과를 초래하고 있다. 특히 지금부터 2030년 여름이면 – 그보다 더 앞당겨질 수도 있다 – 북극해 빙산의 상당 부분이 사라질 것이라고 경고한다. 이 또한 보통 일이 아닌데 "세계 탄소의 절반 가량이 매장되어 있는 영구 빙토층의 해빙은 이미 북반구의 인프라에 영향을 끼치기 시작했으며, 엄청난 양의 메탄이 대기 중으로 방사될 수 있다"고 지적한다.

우리 모두가 서로 연결되어 있고 상호의존적이란 맥락에서 복잡성 패러다임의 본질을 상기해보자면, "북극의 변화는

---

2   북극 감시 및 평가 프로그램(AMAP; Arctic Monitoring and Assessment Programme)이 발간하는 관찰 정보 '북극의 눈, 물, 얼음, 영구동토층(SWIPA; Snow, Water, Ice and Permafrost in the Arctic).' https://www.amap.no/documents/download/2987/inline

동남아시아처럼 북극에서 멀리 떨어진 지역에도 기상 변화, 특히 제트기류라고 알려진 극지방 소용돌이의 약화로 말미암은 변화를 가져온다." "북극은 지구의 다른 지역과 연결되어 있다"고, 마니토바 대학의 데이빗 바버 교수는 새삼 상기시킨다. 그는 북극 빙하 전문가이자 SWIPA의 주요 저자들 가운데 한 명이다. 지구 시스템에 미치는 결과는 해수면의 상승, 응축과 강수를 통해 지구의 신진대사 전체에 미칠 수 있는 영향력 등을 감안할 때 걱정스럽기 그지없다.

우리는 사회영토적 환경에서 가장 효과적으로 상호 작용하는 도시 복잡성이 무엇인지를 이해하려고 노력해야 한다. 프랑스 국민의 80퍼센트는 국토 면적의 20퍼센트에 살고 있으며,[1] 세계 인구의 절반이 거주하는 면적은 지구 전체 면적의 1퍼센트에 불과하다.[2] 도시에서의 삶은 우리를 질식시켜가고 있음에도 불구하고 여전히 욕망의 대상이며, 앞으로도 계속 보편화될 것이다. 오염의 절정인 줄로만 알았던 것이 만성적인 오염 상태로 굳어졌고, 생물다양성은 새로운 멸종 위기를 맞고 있으며, 사회 격차는 점점 벌어지고 있다. 물 접근성은 점점 불평등해지며, 인구는 늘어가고, 그만큼 필요한 식량도 늘어만 간다. 지구에 한 번만 눈길을 주어도 홍수, 화재, 생태계

---

1 Part de la population rurale dans la population totale en France de 2006 à 2018, Statista. https://fr.statista.com/statistiques/473813/population-rurale-en-france/
2 Half the World's Population Lives in Just 1 % of the Land, Metrocosm, 2016. 1. 4. http://metrocosm.com/world-population-split-in-half-map/

위기, 천재지변, 그리고 거기에 코비드-19 팬데믹 등이 초래한 피해가 얼마나 광범위한지 알 수 있을 것이다.

이 세계는 하나의 전체이며, 에드가 모랭의 말을 빌자면, 인간이 자연적으로 연결되어 있던 요소들을 인위적으로 갈라놓았다. 메데인 같은 도시는 시스템 차원에서 접근하는 회복탄력성과 재발견, 로우테크의 창의성을 보여주는 훌륭한 사례이다. 시민사회는 도시의 악을 찾아내고, 세계에서 가장 폭력적인 – 마피아가 장악하고 있었기 때문 – 도시 가운데 하나인 곳이 평화로운 도시로 거듭나는 데 적극적으로 개입했다. 메데인은 삶을 위해 재건되었으며, '삶을 위한 도시(Cities for Life)' 운동을 낳았다. 그후 이 운동은 전 세계로 확산되었다. 반면, 세상엔 미국의 러스트 벨트[3]처럼 죽어가는 제조업 도시들도 존재한다. 그렇다고 이 도시들이 다시 태어날 수 없다는 뜻은 아니다. '스스로 하라(Do it yourself)'는 논리에 따라 시민들의 전유를 통해 재탄생할 수 있으며 디트로이트가 그 좋은 본보기다.

도시의 복잡성은 새로운 도시 조직 형태의 등장도 의미한다. 국가에 맞서는 도시 간 확장, 가령 인구 6천8백만 명의 초거대도시 '샌샌(샌프란시스코/샌디에고)'이나, 7천만 명의 주민을 거느린 주거 밀집지역 '보스워시(보스턴/워싱턴)' 등이 그 좋은 예에 해당된다. 이를 1961년에 선견지명 있는 지리학

---

3 러스트 벨트(Rust Belt)는 미 북동부의 위스콘신, 미시건, 펜실베이니아 일대의 공업지대를 일컫는다.

자 장 고트망이 그의 저서 《메갈로폴리스》[1]에서 이론화했는데, 실제로도 이 거대한 두 덩어리의 정체성이 연방국가 차원과는 완전히 다른 도시 활력을 뿜어낸다고 했다. 우리는 특히 선거에서 이 점을 확실하게 느낄 수 있다. 트럼프 대통령의 정책에 앞장서 저항하며 기후협약을 준수하라고 촉구하고, 이민자들과 기본적인 자유를 옹호한 것도 이들 도시다.

우리의 도시에 밤이 내리면 도시는 눈부시게 빛나지만, 광공해는 하늘과 황홀한 은하수, 뭇별들과 천궁의 움직임, 우주의 광대함으로부터 우리를 단절시킨다. 하늘은 위협적인 구름이 잔뜩 내려앉아 우중충한 잿빛인 데다 이따금씩 독성을 내뿜기도 한다. 같은 맥락에서, 유토피아는 이러저러한 신, 이러저러한 정당, 국토나 국민의 위대함, 상상 속에 항상 존재하며 나날이 커져가고, 나날이 강해지며, 나날이 존재감을 키워가는 위대함에 대한 저주에 자리를 내주었다. 거대한 장벽이 머릿속에 세워지다가 이윽고 경계를 만들어 인간을 갈라놓는다. 교묘한 거짓말, 호전적인 발언들이 난무하면서 우리를 서로 적대하게 만든다. 경계심이 증오가 되어, 안타깝게도 폭력과 자기실현적 예언들로 무장한 채, 깊숙하게 뿌리를 내린다.

우리에게는 풍성하고 다원적인 인간적 삶을 보존하기 위해 국가에 대항하는 견제 권력 형태로 제시되는 도시의 활력

---

1 Jean Gottmann, Megalopolis: The Urbanized Northeastern Seaboard of The United States, Literary Licensing, Whitefish, 2012.

이 한시바삐 필요하다. 오늘날, 도시의 신진대사는 기후 문제를 중심으로 구체화되는데, 사실 기후 문제는 인류의 생존이 걸린 문제다. 이제껏 인류가 요즘처럼 위협받은 적이 없었으며, 역사상 처음으로, 인간 자신의 활동으로 말미암아 생존 위협을 받는 처지가 되었다. 그러니 이제부터 시민들에게는 각자 짊어져야 할 역할을 제대로 수행하기 위해 교육과 참여, 결집이 요구된다.

기술혁명, 그러니까 생명기술과 나노기술의 융합은 인간이 벌인 과거 활동의 영향력을 제한하거나 고치는 데 기여할 수 있다. 우리가 사고하는 방식 – 인류세에 대한 확고한 인식 –, 건설하는 방식 – 콘크리트보다 목재를 선호하기 –, 버리는 방식 – 자원 순환이라는 개념 장착 –, 심지어 다른 생명을 대하는 방식에서 변화는 시작된다. 다중심적이고 다기능적인 도시, 내가 '15분 도시'라고 부르는 도시, 즉 15분 이내에 기본적인 서비스에 접근 가능한 도시는 살아 움직이는 주거지를 대변해야 할 뿐 아니라 그 주거지 안에 포용하는 것또한 마찬가지다. 우리의 삶의 터전 – 건물, 공용 공간, 차고, 교육 장소 등 – 은 너무도 잘게 나뉜 관계로 하루 중 3분의 2 이상 비어 있는 형편이다. 우리가 건설하는 방식, 건설하는 것에 대한 개념 자체가 도시의 신진대사에 역행한다.

공공 공간, 녹지대, 생물다양성이 이러한 변화를 떠받치는 버팀목이 되어 준다. 그러니 사람들이 만나 서로 관계를 맺을 수 있는 광장들을 재발견해야 할 필요가 있는 것이다. 도시의 투자자본수익률은 그곳에서 이루어지는 만남의 질에 따라 측정될 수 있다. 나는, 혼합의 기회로서, 도시의 취약성을 타파한다는 의미에서, 광장을 시민에게 되돌려주기 위해 열심히 뛰고 있다. 공적 공간을 자동차들에게 빼앗긴다면, 사회적 연결을 직조할 수 없다. 그러니까 숨 쉴 수 있는 도시, 인간이 교류할 수 있도록 감싸 안는 도시 공간이 21세기 도시 패러다임임을 받아들여야 할 때다. 있는 곳이 어디든, 도시는 주민들의 필요에 응답해야 하며, 동시에 사회적(함께 잘 살기)이면서 경제적이고, 문화적이며, 생태적인 도전에 나서야 한다. 사회 통합이 도시의 새로운 도전에 대한 핵심이어야 한다. 그러기 위해서는 인내심, 명확하고 과단한 방향성이 필요하다. 무엇보다도 변화에 수반되는 불편을 시민들이 받아들일 준비가 되어 있어야 한다. 도시에서 경유차를 추방할 때의 목표는 자동차 운전자들을 괴롭히려는 것이 아니라 미립자 배출량을 줄이는 것이다. 앞으로 다가올 10년 사이에 그렇게 하지 않는다면, 우리가 전투에서 패배할 것은 확실하다.

도시를 바꾸기 위해서는 우리 삶을 바꿔야 한다. 지금 시기가 어려운 건 우리가 과도기에 살고 있기 때문이다. 도시 거버넌스는 시민을 향해 공유와 공동자산의 모델을 제안해야 한다. 도시의 사용가치를 전유하고 공동자산을 우선 가치로 둘 때 최선의 도시가 될 것이다. 이 일에 결집한 주민들과 더불어 미래는 실현된다. 우리는 공익을 재발견하고 추구하여 가치와

---

1 Edgar Morin, Introduction à la pensée complexe[1990](복합성 사고 입문, 에코리브르, 2012.)

함께 잘 사는 법을 창조해야 한다. 여기에는 역설이 있다. 수많은 도시에서 용감하게 이어나가고 있는 도시민의 전투는 결국 자신의 본질, 자신의 복잡성으로 회귀하려는 전투이다. 쓸데 없이 분리된 것을 다시금 이어주고, 자연, 사회생활, 창의성, 혁신 등을 재발견하는 복잡성의 어원(complexus; '함께 직조하다')[1]으로 돌아간다는 것이다.

4

도시 향유권

도시에 대한 권리에서
도시에서 살 권리로

1989년, 프랑스 가요계의 원로 피에르-바루는 이브 몽탕이 죽기 전에 마지막으로 녹음한 아름다운 노래 '오 카바레 드 라데르니에르 샹스'의 노랫말을 썼다.¹ 이 노랫말에서 그는 '눈을 뜨고 꿈 꾸는 자와 눈을 감고 살아가는 자'를 그렸다. 예술은 우리를 누구나 다 다니는 닳고 닳은 길에서 벗어나 가보지 않은 길로 들어서게 함으로써, 확 깨어난 정신으로 새로운 내일을 상상하도록 이끄는 힘을 지니고 있다. 같은 해, 나는 베를린 장벽이 무너지는 광경을 지켜보았다. 당시에 서베를린의 미국령 크로이츠베르크 구역에서 묵었는데, 불법 점거한 저항문화, 활발한 대안 운동들로 그곳의 분위기는 불과 수백 미터 남짓 떨어진 동베를린에 감도는 침묵과 질서와는 대조되어 매우 인상적이었다. 장벽의 이쪽저쪽이 달아오르던 과정, 장벽을 사이에 두고 다양한 꿈들이 솟아오르는 광경을 내 두 눈으로 목격했다. 두려움을 내려놓은 군중들이 차츰차츰 모여 들더니 벽에 구멍들이 뚫리기 시작했다. 이윽고 그 틈으로 동베를린 주민들이 수십, 수백, 수천 명씩 우르르 밀려나왔다. 그들은 박수와 환호를 받으며 아무런 감시나 통제없이 자유로운 서베를린으로 건너왔다. 그렇다, 베를린엔, 다른 곳과 마찬가지로, 눈 뜨고 꿈꾸는 자들이 있고, 눈 감고 사는 자들이 있었다.

그런데 꿈이라니, 도대체 무슨 꿈이었을까? 어떤 삶을 이야기했던 걸까? 통일된 도시에서의 삶? 원하는 곳이면 어디든 자유롭게 갈 수 있는 도시? 두둑한 지갑을 슬쩍 내비치며 자신의 지위를 암시하지 않아도, 기본적인 서비스가 시민의 권리로 확실하게 제공되는 도시? 자신의 출신과 상관없이 자유롭게 접근할 수 있는 도시? 우리 삶에 없어서는 안 될 기본권의 표현으로 문화가 존재하는 도시?[2]

2001년, 베를린에서는 행정 개편이 이루어졌는데, 기존 22개 구에서 12개 구로 전환되면서 크로이츠베르크는 프리드리히스하인과 병합되었다.[3] 이 개편은 각각 동베를린과 서베를린에 속해, 생활방식이 완전히 달랐던 두 구역의 동화를 법적

---

1 Joël Luguern, Pierre Barouh. L'éternel errant, Jacques Flament Éditions, 2014.
2 Éléonore Muhidine, D'un passé encombrant à l'utopie urbaine : poids mémoriel et perspectives pour Berlin, 2015. https://hal.archives-ouvertes.fr/halshs-01246231
3 Clémence Mahé, La marge urbaine à Berlin : quel rôle dans la construction de la ville ? Architecture, aménagement de l'espace, 2011. https://dumas.ccsd.cnrs.fr/dumas-01807305/document

으로 인정한 것이었다. 사람들은 여전히 프리드리히스하인에서 '카를 마르크스 대로'를 기억한다. 독일에서 가장 긴 2.6킬로미터의 이 길은 제2차 세계대전 기간 동안 완전히 파괴되었다가, 1950년 이후 '사회주의 리얼리즘'이라는 기치 아래 4만 5천 명의 노동자가 자발적으로 재건한 것이기 때문이다. 이 대로는 8차선 도로에 널찍한 보행자용 인도까지 폭이 무려 89미터에 이르며 알렉산더플라츠까지 이어지는데 본래는 과거 독일민주공화국(RDA)의 군사 퍼레이드를 위해 계획된 것이었다. 베를린시의 꾸준한 노력에도 불구하고 아직까지 인류 문화유산에는 등재되지 못했다. 다른 많은 곳들처럼, 이 대로와 구역이 권력의 상징인 까닭이다. 30년이 지난 지금, 우리는 과연 어떤 크로이츠베르크, 어떤 프리드리히스하인에 대해 이야기하는 걸까?

    1990년 독일 통일 후, 베를린은 시 전체가 어마어마한 공사장이 되었다. 연방 수도를 본에서 베를린으로 이전하는 과정에서 굵직굵직한 도시계획, 건축 프로젝트들이 실행되었고 시는 완전히 탈바꿈했다.[4] 인구 유치의 출발을 알리면서 베를린은 세계도시라는 이름에 걸맞게 세계시민에게 우호적인 거대한 흐름에 올라탔다. 세계도시는 고유한 역동성 덕분에, 예전에 국가 권력과는 다른 방식으로 우리의 환경을 다듬어감으로써 새로운 생태적, 경제적, 사회적 가치를 창출할 수 있는

---

4 Florian Hertweck, La Querelle des architectes à Berlin (1989-1999). Sur la relation entre architecture, ville, histoire et identité dans la république berlinoise, thèse de doctorat, Université Paris I/Universität Pader-bon, 2007.

것이다. 30년도 채 안 되는 동안에 이룬 변신으로 베를린은 유럽에서 가장 중요하고 반드시 가보아야 할 도시로 당당하게 이름을 올렸다.

2019년, 세계 주요 대도시의 국제 투자활동을 모니터링하는 〈세계도시 투자 분석〉[1]은 세계 35대 도시에서 새롭게 창출된 일자리와 관련한 설문조사(2018년) 결과를 발표했다. 이 조사에서 유럽은, 서유럽이든 동유럽이든 아시아와 북아메리카에 비해서 월등히 유의미한 진전을 보인 것으로 나타났다. 특히 선두의 파리는 브렉시트 이후 유럽에서 제일 각광받는 도시로 등극했다. 뿐만 아니라, 2014년부터 2018년까지는 서유럽 출신 투자자들로 만족해야 했던 파리-일드프랑스 권역은 처음으로 R&D 분야에서 국제 투자의 47퍼센트를 유치했다. 그 다음 2, 3위는 싱가포르와 방갈로르가 각각 차지했다. 새로운 지리경제학적 패러다임 쪽으로 세계가 기우는 것은 당연한 귀결이다. 그렇다고는 해도, 이 조사에서 상위 15위 안에 든 도시들은 10개가 아시아 대도시들이다. 그러니 아시아니 유럽이니 하는 지역을 떠나서, 지정학적으로 한창 변신 중인 세계도시, 대도시, 거대도시들의 개발에 대해 질문해보는 것은 너무도 당연하다.

1961년, 프랑스 출신 미국 지리학자 장 고트망이 《메갈로폴리스》에서 처음으로 제안한 '거대도시(megalopolis)'는 새

---

[1] https://gp-investment-agency.com ; https://gp-investment-agency.com/wp-content/uploads/2019/06/GlobalCitiesInvestmentMonitor2019web-compressed.pdf

로운 형태의 도시화를 지칭하는 조어로, 주민 1천2백만 명을 기준으로 삼았다. 페르낭 브로델은 1979년에 '세계도시(ville-monde)'라는 개념을 상세하게 설명하면서 '정보와 상품, 자본, 신용, 인간, 질서, 어음 등이 들고나는 곳'[2]이라고 정의했다. 1966년, 피터 홀 경의 '세계도시(world cities)'[3] 연구는 도시의 경제 활동량을 기준으로 제시했으며, 그 후 1982년에 존 프리드만과 괴츠 울프가 이 생각을 발전시켰다.[4]

1991년, 사스키아 사센은 한층 다영역적 기준에서 '세계도시(global city)'의 개념을 제안했는데, 하나의 도시가 고도의 경제적, 정치적, 문화적 흡인력을 지닌 곳으로 도약할 수 있는 역량을 평가했다. 여기서 '세계도시'란 전략적인 역할을 하며, 네트워킹에 강세를 보이며 세계화된 경제와 사회에서 주도적 역할을 해낼 수 있는 도시를 가리킨다. 영국 러프버러 대학의 피터 J. 타일러 교수가 창설한 연구단 '세계화 및 세계도시 연구 네트워크'[5]는 도시들이 세계적 네트워크로 편입되는 세계화 맥락에 관심을 두고 세계도시간의 관계를 다양한 범주(알파, 베타, 감마)로 구분했다. 사스키아 사센의 발족사에 이어 2001년, 지리학자로 지리학계의 노벨상이라고 일컬어지는

---

2 Fernand Braudel, Civilisation matérielle, économie et capitalisme (xve-xviiie siècle), Armand Colin, 1979.
3 Peter Hall, The World Cities, Weidenfeld & Nicolson, 1966 et 1977 (poche).
4 John Friedmann et Goetz Wolff, World City Formation: An Agenda for Research and Action, International Journal of Urban and Regional Research, vol. 6, no 3, 1982.
5 세계화 및 세계도시 연구 네트워크(GaWC) https://www.lboro.ac.uk/gawc/

보트랭-뤼드 상을 수상한 앨런 스콧은 '세계도시 권역(global city region)'[1]이라는 개념을 제안했다. 이는 세계도시의 영토적 영향력을 증폭시키는 용어였다. '세계도시 권역'은 세계도시의 흡인력에 예속되는 도시와 영토 공간 전체가 재편성되는 현상과 관련 있다. 이 현상은 도시 외곽과 교외 지역을 지속적으로 변화시키며, 이렇게 해서 형성된 공간에 거주하는 주민들 전체의 관계를 바꾸어놓는다. 경제 금융화, 서비스 경제의 발전, 디지털의 침투력, 거주민의 노동과 고용, 사회적 관계의 변화, 자본 집약적 설비가 갖는 규모의 경제, 학습과 혁신 공간의 밀집 등으로 얻는 이득이 세계도시의 중심부에서 반경 약 1백 킬로미터 내에서 창출된다. 이는 주민들이 도시의 용도, 서비스, 영토 등과 맺는 관계를 비가역적으로 철저히 변화시킨다. 또한 사회적, 영토적 불평등을 동반하는 빈도가 매우 높으며, 그로 인해 각종 개발 계획에는 취약성, 경쟁 관계, 분열, 차별 등이 초래된다.

인근 지역으로 뻗어가는 세계도시의 파급에는 구조적인 표출, 나아가 거버넌스에 대해서까지 질문이 생겨나기 마련이다. 부수적으로, 점점 확대되는 변화의 의미, 초대도시화 혹은 거대도시화의 효과와 그것이 영토에 미치는 영향 등은 도시 성찰의 주제가 된다. 도시화 현장의 성찰과 해결책을 풍성하

---

1   Allen J. Scott, Global City - Regions: Trends, Theory, Policy, OUP Oxford, 2001.
2   John Rennie Short, The Liquid City of Megalopolis, Documents d'Anàlisi Geografica, no. 55, 2009. p. 77-90. https://ddd.uab.cat/pub/dag/02121573n55/02121573n55p77.pdf

게 만드는 건, 스마트 시티에서 그랬던 것처럼 '스마트 대도시'니 '스마트 권역'이니 하면서 떠들썩하게 등장한 몇 개의 용어들이 아니다.

'거대도시'라는 개념을 실제 영토에 투사하고 그 존재를 의문시하면서 규정하게 된 것은 고트망 연구의 힘이다. 이를테면 보스턴과 워싱턴 DC 사이에 있는 하트포드, 뉴욕, 필라델피아를 비롯해 미 동부 해안의 인구 10만 명 이상이 밀집된 도시들, 그러니까 총인구 7천만 명,[2] 경제적으로나 교통과[3] 커뮤니케이션에서나 공통의 이익으로 연결되고 접속되는 장장 8백 킬로미터 범위의 도시 권역 '보스워시(BosWash)', 그리고 샌프란시스코와 샌디에이고 사이의 6백 킬로미터 내에 4천만 명 이상이 거주하는 캘리포니아의 '샌샌(SanSan)'[4] 같은 곳이 실제 영토에 해당된다.[5] 더 나아가 국경까지 넘나드는 대도시 권역인 '시피츠(ChiPitts)'[6]도 예로 들 수 있다. 이곳은 북아메리카의 5대 호수를 중심으로 하는 미국의 대도시들(시카고, 디트로이트, 피츠버그)과 캐나다의 몬트리올, 토론토, 퀘벡, 오타와를 잇는 인구 6천5백만 명의 권역을 가리킨다.

---

3   Michelle R. Oswald Beiler, Sustainable Transportation Planning in the BosWash Corridor. Brinkmann R., Garren S. (dir.), The Palgrave Handbook of Sustainability, Palgrave Macmillan, 2018.

4   허먼 칸(Herman Kahn)과 앤소니 와이너(Anthony Wiener)는 1967년 출간된 《2000년(The Year 2000)》에서 이러한 거대도시를 상상했다. 실제로 북부 캘리포니아와 남부 캘리포니아에 각각 있는 두 거대도시는 615킬로미터 떨어져 있다.

5   https://sites.utexas.edu/cm2/what-are-megaregions/

6   https://web.archive.org/web/20100705070713/ ; http://cfweb.cc.ysu.edu/psi/bralich_map/great_lakes_region/great_lakes_megalopolis.pdf

중국의 경우엔, 오늘날 8천만 인구가 거주하는 상하이 권역[1]을 대표로 꼽을 수 있는데 난징, 항저우, 닝보 등의 대도시와 주변 농촌 지역[2]이 포함된다.[3] 상하이 권역은 싼샤댐을 통해 수위를 조절하는 양쯔강 유역 삼각주가 내려다보이는 광대한 지역으로 중국 국토의 중요한 축을 형성한다. 세계에서 가장 큰 항구를 보유한 이 지역은 가장 역동적이고 도시화된 곳들의 하나로 거듭났고, 상하이를 지휘하는 체계는 차원이 다르게 변했다. 현재 중국엔 인구 1백만 명이 넘는 도시가 119개에 이른다.[4] 베이징과 상하이를 필두로 12개 광역시는 이른바 '3조 위안 클럽' – 국내총생산이 3조 위안을 넘어서는 곳 – 을 형성하는데 이 액수를 유로로 환산할 경우 국내총생산이 유럽 15위인 아일랜드에 해당한다.

일본의 경우는 이바라키현과 후쿠오카현을 이어주는 '태평양 벨트'[5] 지역이 총 1천3백 킬로미터에 달한다. 여기에 도쿄 수도권, 나고야, 오사카, 사카이, 고베, 교토, 후쿠오카 등이

---

1 Wen Chen 외, Polycentricity in the Yangtze River Delta Urban Agglomeration (YRDUA): More Cohesion or More Disparities ?, Sustainability, vol. 11, no. 11, 2019. 6.
2 Stéphane Milhaud, Les petites villes, de nouveaux centres pour le développement territorial chinois, EchoGéo no. 27, 2014. http://journals.openedition.org/echogeo/13730
3 INALCO, L'articulation régionale et mégalopole dans le delta du Yangzi, 2015. http://www.inalco.fr/sites/default/files/asset/document/region_urbaine_de_shanghai_-_megalopole.pdf
4 Laurence Roulleau-Berger, Villes chinoises, compressed urbanisation et mondialisations, Métropoles, hors-série 2018. http://journals.openedition.org/metropoles/6149
5 토카이도(東海道) 코리도라고도 한다. - 옮긴이

대거 포함되며, 인구가 1억 5백만 명이나 된다. 이는 일본 전체 인구의 80퍼센트에 해당되는데,[6] 일본 영토 면적의 불과 6퍼센트에 이 엄청난 인구가 밀집해서 산다고 말할 수 있다.

 남아프리카 공화국의 예를 보자면, 요하네스버그-프레토리아 축이 초대도시로 발전하며 현재 쉴 새 없이 도약 중이다. 인도는 뭄바이 도시 권역이 남북 축으로 1백 킬로미터, 동서 축으로 60킬로미터 범위에서 지극히 무질서한 확장을 거듭하고 있으며, 이곳에 2천5백만 명의 주민이 산다. 여기에 '푸른 바나나' 또는 로제 브뤼네와 지금은 고인이 된 자크 쉐레크가 애용했던 '유럽 등줄기'[7] – 런던에서 밀라노를 이어주는 지역 – 의 사례도 보탤 수 있다.

 대도시, 초대도시, 거대도시적인 삶의 힘과 영향, 파급력에 대해서 우리는 위정자들에게 통렬하게 질문해야 한다. 이러한 도시 공간의 건설을 어떻게 탐구할 것인가? 도시의 정체성이나 거버넌스는 무엇이어야 하는가? 위기 속에서 도시적 삶은 전략적 비전과 중장기 전망으로 접근하고 발전시켜야 할 가치다. 무릇 현대 개발 과정의 주요 동인이 되는 도시화는 특정한 이슈를 넘어서 진행되어야 한다. 모든 장소에서 언제든 동시에 현존하게 해주는 대대적인 유비쿼터스, 주민을 새로운 문화의 중심으로 만들어주는 전방위적 도시화, 그리고 신기

---

6 André Sorensen, Tokaido Megalopolis: lessons from a shrinking mega-conurbation, International Planning Studies, vol. 24, no. 1, 2019. https://doi.org/10.1080/13563475.2018.1514294

7 Andreas Faludi, The "Blue Banana" Revisited, European Journal of Spatial Development, vol. 56, no. 1, 2015.

술 덕분에 돈이 적으면 적은대로 많으면 많은 대로 한결 쉬워진 물리적인 이동들 사이로 하나의 새로운 세계가 솟아난 것이 확실하다. 동시에, 이 새로운 세계는 사회영토적 갈등과 도시 고유의 취약성 – 각각의 도시마다 고유한 풍토병처럼 – 으로 몸살을 앓는 지구상에서, 각종 문제점을 또렷하게 드러내 보인다. 흔히 불편함 그러니까 고도의 불안감이 조장되는 것도 사실이다.

2010년대를 기점으로, 세상엔 도시민이 대다수가 되었으며, 인구 1백만 명을 능가하는 도시 권역의 주민만 헤아려도 전체 인구의 22퍼센트를 넘어섰다.[1] 인구 1천만 명 이상의 도시에 사는 주민은 6.4퍼센트인 반면, 세계 15대 도시들은, 적어도 그 가운데 제일 선두에 속하는 도시들은, 인구 2천만 명을 훌쩍 뛰어넘는다. 이 가운데 오직 뉴욕(인구 2천3백만 명으로 8위)만이 지금까지 우위를 차지했던 북서 축에 속한다. 인구 1천2백만 이상인 30대 도시들까지 꼽아야 로스앤젤레스와 런던이 포함된다. 향후 2020년대가 끝나갈 무렵이면, 지구 전체 인구의 62퍼센트가 고작 지구 전체 면적의 2퍼센트에 살게 될 터인즉, 이중에서 인구 1백만 명 이상 되는 도시에 사는 인구는 전체 인구의 30퍼센트에 육박할 것이다. 이들 중 9퍼센

---

1 Population Data Booklet, Global State of Metropolis 2020, UN-Habitat, 2020. https://www.metropolis.org/sites/default/files/resources/UN-Habitat_Population-Data-Booklet-Global-State-Metropolis_2020.pdf 이후에 계속 나오는 통계 수치의 출처. United Nations, Departement of Economic and Social Affairs, The 2019 Revision of World Populations Prospects. https://population.un.org/wpp/

트는 인구 2천만 명 이상의 거대도시나 초광역도시에 살게 될 터인데, 현재 상하이, 도쿄, 뭄바이 등이 이미 그렇듯이 각각의 인구는 5천만 명에서 7천만 명 정도가 될 것이다.

도시화의 지평은 아프리카 대륙 전체에서도 가속화하여 대륙 전체 인구의 50퍼센트 이상이 도시에 거주하게 될 것이며, 라고스, 카이로, 킨샤사, 루안다 같은 거대도시들과 마찬가지로 인구 1백만 명 급의 도시들이 엄청난 성장 궤도에 들어서게 될 것이다. 현재 인구 2천8백만 명의 방글라데시 다카는 스페인 인구의 거의 절반이나 프랑스 인구의 3분의 1 정도에 도달할 것이다. 이렇듯, 세계 인구의 13퍼센트는 34개 도시에 분포되어 사는 반면, 시골 인구의 50퍼센트는 인구 50만 명 미만의 도시를 선호한다. 따라서 중간 도시들, 그러니까 인구 30만에서 50만 명 정도의 도시들이 늘어날 것이다. 그 결과 2050년 무렵이면 세계 인구의 15퍼센트는 41개 대도시에 사는 반면, 45퍼센트는 중간 규모 도시에 살게 될 것으로 추정된다.

도시 권역의 발전 양상은 이중적인데, 한편엔 5천만 명 이상이 모여 사는 상하이와 광저우 같은 초대도시가 있고, 다른 한편엔 시골로부터 유입되는 인구 50만 명에서 150만 명 정도 되는 도시가 4만 개 있다. 그런데 이 도시들은 아주 기본적인 공공 서비스 없이, 그러니까 서비스 면에서 거의 아무런 계획도 없이 변칙적으로 발전해온 모습을 보인다. 이러한 파노라마는 유엔 주택 및 지속 가능한 도시개발회의(Habitat III)를 위해 키토에서 모인 192개국 회합과 연관지어 보아야 한다. 키토 회의에서 채택된 '새로운 도시 의제'는 유감스럽게도 파리 기후협약(COP21)과는 달리 구속력 있는 협약에는 이르지 못했다. 새로운 도시 의제는 보다 안전하고 포용적이며, 회복 탄력적이고 지속 가능한 도시와 도시 권역 발전을 위해 "공동의 비전과 가치를 공유한다"는 원론적인 견해만 확인했을 뿐이다. 그렇지만 유엔은 이 회의에서 처음으로 세계 각국의 지방자치기구를 대표하는 시장, 광역단체장들과 더불어 도시의 위력을 인정했으며, 그들의 거버넌스 및 도시의 주역들 전체가 생산과 관리에 참여할 것을 독려했다. 유엔과 해비타트 회의의 개정 외에 몇몇 중요한 질문은 여전히 남는다. 누가 이 협약을 실행할 것인가? 도시는 누구의 것인가? 도시에 살 권리는 민주주의, 인권 존중과 불가분의 관계인가? 이런 질문에 대한 답을 찾으려면 아직 멀었다...

이러한 도시 현실에서는 소실된 거리 감각 – 유비쿼터스 효과나 누구나 접근 가능해진 이동 수단에 힘입어 – 과 결합함으로써 전지구적인 현상을 낳았는데 그 현상이란 다름 아닌 도시문화의 탄생으로, 여기에 대해서는 아직 제대로 된 분석이 나오지 않았다. 어디에든 보편적으로 존재하는 이 문화는, 지금까지는 전혀 알려지지 않았던 엄청난 흡인력을 발휘하며 도시로의 이주를 촉진한다. 과거엔 보다 나은 생활 여건을 찾아, 빈곤에서 벗어나기 위해, '토지 수탈'[1] 압력을 피해 도시로 왔다. 그런데 오늘날 도시에 정착한다는 것은 점점 더 획일화된 도시문화로 편입하는 성격이 짙다. 사람들에게 농촌 생활

---

1 한 나라의 농업 부문을 다른 나라의 투자자들이 장악하는 행위.

이나 작은 시골 마을, 도시화 정도가 매우 낮은 곳에 정착하는 일이 요즘처럼 간단했던 적은 없었으며, 이와 대조적으로 요즘처럼 도시가 성장을 거듭한 적도 없었다.

도시로 와서 '누군가가 된다'는 희망을 안고서 도시문화를 제것으로 삼고, 도시라는 세계와 그곳의 규범을 받아들이는 것은 예전의 소속 계급에 기반한 사회적 관계를 뒤엎고 새로운 정체성을 획득할 수 있는 기회다. 도시는 소속 계급을 사라지게 하지는 않지만 자주 그것을 은폐한다. 또한 일종의 '새로운 도시적 삶' 속에 용해되도록 개인의 사회적 관계를 원활하게 하는가 하면, 반대로 개개인의 출신을 깊숙한 곳에서 끌어올려 그 개별성을 드러내 보이기도 한다.

한편, 도시적인 삶의 취약성이 드러나기까지는 그다지 오랜 시간이 걸리지 않는다는 데 주목할 필요가 있다. 지금으로부터 1세기가 채 못 되는 과거에는 유럽에서 아메리카 대륙에 가려면 15일에서 20일 정도, 남아프리카 공화국이나 오스트레일리아까지는 20일에서 30일이 걸렸다. 오늘날에는 불과 몇 시간, 아니 최대로 잡아도 하루 반나절이면 닿는데 말이다. 몇 년 사이에 세계 전체가 돈이 적은 사람도 갈 수 있는 곳이 되었다. 거의 유럽 전역이 기차 몇 시간 혹은 비행기 몇 시간만 타면 닿을 수 있다. 저가항공이 출현하면서는 비용이 수십 유로 수준으로 떨어졌고, 숙소 또한 최적화된 숙박 플랫폼으로 손쉽게 구해진다. 이는 비단 유럽뿐만 아니라 모든 대륙에서 예외가 없다.

도시문화의 덕분으로, 한 도시에서 다른 도시로의 이동이 이제껏 – 아무리 멀다 해도 – 지금처럼 수월했던 적이 없다. 우리가 다른 장소와 다른 시간, 다른 문화 속으로 진입할 때면 겪는, 예전에 '인지 장애'라고 부르던 충돌이라고는 전혀 없이 이동이 가능해졌기 때문이다. 각종 상점이며 백화점, 어딜 가도 동일하게 운영되는 레스토랑 체인, 어디서나 가능한 위치 검색, 숙소 예약, 교통수단 예매 플랫폼과 인터페이스만큼 세계화의 효과는 분명하다. 언어의 장벽조차 점점 사라지고 있다. 길을 찾아다니는 것이, 다른 이의 도움 없이도 즉각적으로 이뤄진다. 인터넷에 접속하는 도구이자 모바일 어플리케이션이 탑재된 스마트폰은 어른, 아이, 젊은이, 노인, 교육을 많이 받은 자와 그렇지 않은 자의 구분 없이 모두의 손을 떠나지 않는다. 세계는 이렇게 모두의 손 안으로 들어왔다. 또 클릭 한 번이면 우리는 벌써 다른 곳에 있다.

오늘날, 15세 이상 프랑스인의 3분의 2 가량은 집에서 멀리 떨어진 곳에서 적어도 나흘 밤을 보낸다. 하지만 같은 지구상에 있으면서도 이 도시 세계는 타인에 대한 두려움, 이방인에 대한 배척 등, 자기 정체성에 관한 한 일종의 자폐 증세를 보인다. 그래서인지 곳곳에 장벽이 세워지거나 세워지려고 한다. 대중영합주의가 투표함에서 표현되고 결집되어 지지를 받으며 권력을 거머쥔다. 미국이나 브라질의 상황, 또는 브렉시트 이후의 정치 판세만 보아도 이러한 경향은 뚜렷하다. 유럽의 복잡한 문맥과 프랑스에서 감지되는 문맥 등은 새삼 언급할 필요도 없다.

이는 언제 어디서나 접속 가능하고 세계화된 세계에서 도시적인 것의 내재적 특성에 대한 몰이해, 아니 무지에 의해 전파되는 모순일 것이다. 타인에 대한 두려움, 이방인에 대한 배척 등은 또한 스스로 '애국자'임을 자처하면서, 실제로는 구역질 나는 선거용 표밭 일구기에만 전념하는 몇몇 지도자들의 여론 조작—특별히 '세계시민주의(Cosmopolitanism)를 상대하는 투쟁'이라고 주장한다—에 의해 전파되기도 한다. 그리스어로 '우주, 세계'를 뜻하는 kosmos와 '시민'을 뜻하는 politês를 결합하여 각 개인을, 원래 출생지가 어디건, 세계의 시민으로 간주한다는 3인칭 표현을 만들어낸 바, 그 어원마저 너무도 민주적인 개념에 맞서서 싸우겠다고 나서다니 참으로 황당하기 짝이 없다.

이러한 태도는 서비스 중심의 경제가 국경 없는 플랫폼에 정착하면서, 특히 교통과 숙소, 요식업 등이 성장할수록 점점 더 현실과의 괴리만 커지게 만든다. 세계에서 가장 많은 관광객이 찾는 나라 프랑스의 경우가 여기에 해당된다. 2018년엔 8,930만 명(유럽권 7천만 명, 비유럽권 1,930만 명)의 관광객이 프랑스를 방문했는데, 이는 프랑스 전체 인구의 1.3배,[1] 이들 덕분에 벌어들인 관광수입은 1,850억 유로로 국내총생산의 7.2퍼센트에 해당된다. 지난 10년 사이에 프랑스를 찾은 중국인은, 국립 프랑스관광진흥청[2]에 따르면 2009년 71만 5천

---

[1] Les chiffres clés du tourisme en France, édition 2018, DGE, 2019. 4. 5. https://www.veilleinfotourisme.fr/observatoire-economique/france-statistiques-officielles-nationales/les-chiffres-cles-du-tourisme-en-france-edition-2018.

[2] 국립 프랑스관광진흥청(Atout France) http://www.atout-france.fr/

명에서 2018년 220만 명으로 급증했다. 중국 관광객의 비율은 2.5퍼센트에 불과하지만, 이들이 쓰는 돈은 전체 관광수입의 7퍼센트에 해당된다고 여행기업협회[1]의 장피에르 마스 회장은 지적한다. 그런데 코비드-19 팬데믹 이전, 여행업계의 호황을 말해주는 수치에 비해 그 후엔 매출이 급격히 하락했음에도 배척 기제는 여전히 작동한다. 이 기제는 그나마 각 지방자치단체장들에 의해서 어렵게 상쇄될 뿐이다. 현재의 혼란(기후 변화, 실업, 대중영합주의와 선동, 그리고 타인에 대한 공포 등)에도 불구하고, 지방자치단체장들은 시민들의 신뢰에 중추 역할을 하며 인류애, 인간 존엄성이라는 공동의 가치에 따라 도시가 삶의 터전, 공유의 장소가 되도록 애쓰고 남녀노소가 차이와 더불어 함께 살아가는 곳이 되어야 한다는 입장을 고수하기 때문이다.

 집합소로서의 도시는 도시의 탄생만큼 오래된 문화적, 사회적, 경제적 행위를 하는 곳으로, 자선 차원의 보호를 넘어선다. 도시 진화에 있어서 불가피한 이주는 엄청난 사회문화적 다양성을 도시에 안겨주는 요소다. 세계 20대 도시는 거의 주민 다섯 명에 한 명 꼴로 이주민을 받아들인다. 이에 국제이주기구는 대다수 세계 20대 도시의 주민 3분의 1 이상이 이주민이라고 보고한 바 있다.[2] 이주민들처럼 도시를 구성하는 다국적 요소는 영토 외적으로 도시 간 네트워크를 새롭게 형성한

---

1 프랑스 여행기업협회 https://www.entreprisesduvoyage.org/
2 2015년 보고서 http://publications.iom.int/system/files/pdf/wmr2015_fr.pdf/ 프랑스 국제이주기구(IOM) https://https://iomfrance.org/

다. 뿐만 아니라 많은 국가들의 분리와 더불어 새로운 요구, 새로운 정치적 국경, 새로운 영토 관리 등이 생겨난다. 이 또한 대대적인 혼합으로 특징지어지는 세계시민주의 도시와 더불어 우리가 사는 21세기의 특별함이다.

    이제는 이런 현상이 범세계적인지라, 21세기의 도시 이주는 지난 세기들에 비해서 보다 확고한 방식으로 우리 도시와 도시에서의 삶을 가공한다. 카타르 왕족이 영국 왕족보다 런던에 더 많은 부동산을 소유한다는 말은(사스키아 사센의 표현을 인용하면 그렇다), 3년 전에 밀입국한 파키스탄 젊은 이가 도르도뉴 지방에 살면서 프랑스에서 최우수 견습공 메달을 따고, 부에노스아이레스가 볼리비아에서 두 번째로 큰 도시이며, 퀘벡이 브레스트시 인구에 맞먹는 프랑스 이주민을 받아들였다는 말만큼 참이다.

    이 같은 도시적 삶들은, 각기 다른 여러 행동 방식으로 드러난다. '성소로서의 도시'가 전 세계 시장들이 새로운 상황을 고려하면서 인류애에 입각하여 제시하는 하나의 답변임은 확실하다. 하지만 위기는 무엇보다도 우리의 생활방식, 소비와 생산방식, 아울러 과학, 문화, 지식, 사회 관계에 접근하는 방식 등에서 일어나는 과도기적 격변을 뚜렷하게 보여준다. 산업혁명이 일어난 지 100년, 볼셰비키 혁명이 있은 지 100년, 파시즘이 발호하고 냉전에 돌입한 지 75년, 베를린 장벽이 무너진 지 30년 만에 또 하나의 혁명이 우리의 도시에서 일어나고 있으니, 바로 도시의 과도 성장이다. 이 혁명의 힘을 이해해야만 앞으로 계속 증폭될 변동을 예측하는 데 필요한 초석을 제대로 놓을 수 있을 것이다.

　도시적이라고 하는 것은 출생지 또는 삶의 터전에 대한 장소애착에 국한되지 않는다. 그것은 이제까지의 경계를 전복시켜 산산조각 내버린 새로운 문화를 삶의 원리로 삼는 것이다. 작금의 문제는 생산수단을 통제하는 혁명이 아니라, 불과 몇 년 사이에 변해버린 도시, 대도시, 또 조만간 변화할 유비쿼터스 초거대도시에서의 노동의 의미, 그 사회적 관계적인 현실 자체이다. 이상주의적 관점에서의 자연의 재현이 아닌 물, 불, 흙, 공기의 4요소와 인간이 맺는 관계, 도시 공간과 점유 방식, 개발 방식과 맺는 관계의 변화를 도모하는 생태 혁명의 문제다.

　또한 도시적인 것은 사회적 관계의 혁명, 특히 여성의 권리와 관련된 사회 관계를 바꾼다. 이런 관점에서 보자면, 도시적 삶은 여성 해방 에너지의 촉매처럼 작용한다. 도시가 팽창하는 지난 수십 년 동안, 여성들은 새로운 표현, 새로운 사회화의 길을 찾아 나섰다. 그 덕분에 양성 평등이라는 기치 아래 여성 인권, 임신중절 등을 위한 투쟁을 이어갔으며, 여성 노동과 그에 대한 정당한 임금을 인정받기 위해 남성우월주의 타파 투쟁에도 나섰다. 도시 여성들은 수많은 전선에서 수백 년 묵은 억압에 대항하여 용감하게 전진했다. 여성 행진[1]이 트럼프 대통령 취임 직후 결집한 푸시햇 프로젝트[2]와 함께 그 좋은 사

1　여성 행진 https://womensmarch.com
2　푸시햇 프로젝트 https://www.pussyhatproject.com

례라고 할 수 있다.

보다 광범위하게 생각해보자면, 이는 남과 다를 수 있는 권리, 도시에서 살 권리, 각자가 선택한 남성 또는 여성을 사랑할 권리이며, 그래서 각자가 원하는 가정환경을 꾸릴 권리, 후손을 낳거나 낳지 않고 입양할 권리를 옹호함으로써 구식이 되어버린 지난 시대의 가족 모델, 구태의연한 위계질서에 따른 가족 틀을 깨거나 적어도 변화시킬 수 있는 권리다. 곧 새로운 표현 방식과 사회적 관계에 개방적인 도시문화의 힘에 의해 변모하는 사회적 권리를 가리킨다.

인터넷이 출현한 지 20년, 스마트폰이 등장한 지는 10년, 또 사물인터넷이 탄생한지 몇 년이 지난 지금, 겉보기와는 달리 초연결성이 아닌 초파편화가 지배하는 세상이 되었다. 디지털 혁명으로 수렴해감에 따라 영토와 공간, 사회적 관계를 새로운 방식으로 지각하고 느끼게 되었다. 특히 사회적 관계는 무엇보다도 시민이라는 지위를 토대로 하여 맺어지게 된다. 전 세계 45억 명의 네티즌[3] 가운데 38억 명 이상이 사회관계망 서비스에 가입하여 활발히 활동한다. 그러니까 네티즌의 84퍼센트, 달리 말하면 세계 인구의 절반에 관해 이야기하는 것이다. 페이스북 하나만 놓고 보더라도, 매달 전 세계에서 적극적으로 활동하는 사용자가 27억 명, 이 중에서 프랑스인은 3천7백만 명이다.[4] 인류는 그 어느 때보다도 엄청난 커뮤니

---

3   Digital Report 2020.
4   프랑스 페이스북 통계

케이션 역량을 보유한다. 이와 동시에 개인은 그 어느 때보다도 고립되어 있다. 레비나스가 즐겨 사용하는 '낯선 자가 가까이 있다'[1]는 태도는, 즉 타자에 대한 인정과 더불어 영감의 원천으로서의 이타주의와 (자기)초월로 특징지어지는 고품격 사회적 삶은 아직 나타나지 않고 있다. 오히려 그 반대로 인간의 단절, 각자가 자신 안에 칩거하면서 자신만의 진실을 구축해나가는 고립을 경험하고 있다. 그리고 이러한 고립은 온갖 종류의 조작 대상이 될 수 있는 자기 믿음을 낳는다. 이는 탈진실을 넘어 개인적 믿음이 객관적 성찰과 이성적인 분석을 대체하는 현상이 교묘하게 구조화되어 가는 것이다.

세계가 대거 도시생활로 넘어가고 있다고는 해도, 도시 생활 문화만의 '긍정적 특이점'을 확인하기란 힘들다. 비장소 속에 고립된 채 자신과 타자에 부정적인 삶, 몰개성적인 익명의 삶을 탈피해, 주변 환경에 통합되어 영감 있고 창의적인 도시 자원이 뒷받침하는 시민으로서의 삶으로 옮겨가는 것이 관건이다. 이는 곧 자아와 타자 안에서 그 의미를 제대로 인정하지 못하고, 서로를 위협으로 받아들이고 있음을 보여준다. 이러한 경향에 맞서려면 도시에서의 삶이 사회적 관계, 초근접성을 창조할 수 있어야 한다. 그래야만 개개인의 확증편향을 버리고, 결집과 시민참여를 독려하는 혼합이 이루어질 수 있다.

21세기 들어와 두 번의 십 년을 보내면서 관찰된 현상들

---

1 Emmanuel Levinas, Autrement qu'être ou Au-delà de l'essence[1990](존재와 달리 또는 존재성을 넘어, 그린비, 2021.)

가운데 하나는 가공할 만한 하이퍼데이터, 즉 특정 방향성을 지니고 있어서 가짜뉴스로 변하고, 급기야 트렌드 토픽이 되어 많은 사람들의 지지를 얻는 데이터의 존재다. 이 데이터에 대해서는 무엇보다도 먼저 진위를 확인하고, 비교 분석하며 근원을 파악해야 마땅하겠으나, 현실에서는 모든 합리적인 단계를 건너뛰고서 확인 불가능한 차원으로 승화되어 곧장 확산되며, 인정사정 볼 것 없는 문화 전쟁에 무서운 흉기로 작동한다. 나아가 신뢰감 상실, 지나치게 감정에 좌우되는 상호작용, 사실과 맥락에 대한 이해 부족 등이 집단행동의 원동력이 되어 출구를 예측하기 힘든 상황들을 야기시키고 있다. 불안정한 심리 상태의 디지털 군중이라는 형태로 표현되는 21세기 도시인들의 자폐 성향은 그들의 불만 내지는 불편함을 드러낸다.

우리는 '노란조끼' 운동 때 그러한 사실을 확인했다. 탄소세에 대한 반발에서 시작된 노란조끼 운동은 사회관계망 서비스를 통해 확산되어 본격적인 운동이 되었다. 2018년 10월 이후, 어떤 조직도 없이 자발적이고 산발적으로 불만을 토로하던 이들이 페이스북에서 각기 가입자 1천여 명을 거느린 여러 집단을 형성했다. 프리실리아 뤼도스키 여사의 온라인 성명서는 2018년 5월에 1백만 명 이상의 서명을 받았는데, 2018년 10월 자클린 무로 여사가 엠마뉘엘 마크롱 대통령에게 보낸 동영상은 말 그대로 바이러스처럼 퍼져나가 순식간에 6백만 뷰를 넘어섰다. 이렇게 탄력이 붙으면서 노란조끼 운동은 프랑스 전국을 뒤흔든 운동이 되었다.

이러한 운동이 말하는 바는 단순한 사회 갈등 이상으로, 무엇보다도 산업화 이후의 패러다임이 사용과 서비스로 전환되고 있음을 의미한다. 일하러 간다는 것은 이제 인구 밀도가 아주 낮거나 보통 정도인 지역에서 도시 지역으로 가야하는 — 일반적으로 자가용차를 운전해서 간다 — 기나긴 여정과 동의어가 되었다. 전통적인 경제는 쇠퇴의 길로 접어들었지만 이동과 노동 방식은 하나도 달라지지 않고 그대로이다. 바로 여기에 사회적 파열의 모든 요소들이 응집되어 있는데, 전통적 기구의 지도자나 대표자에게는 그 불꽃이 보이지 않는 것이다. 국가 지도자들은 도시, 영토, 그리고 그곳에 사는 주민들과의 끈을 상실했으며, 그 대신에 그들을 향한 경계심이 뿌리를 내렸다.

　지나간 수십 년은 앙리 르페브르가 이론화한 '도시에 대한 권리'[1]의 시대로, 각종 도시운동에는 주거다운 주거를 위한 투쟁이 중심에 있었다. 그리고 이제는 '도시에서의 삶을 누릴 권리'가 사회적 불만의 중심에 놓여 있다. 앞으로 닥칠 투쟁과 대전환은 주거에만 국한되는 것이 아니라 삶의 질을 보장하기 위한 본질적인 사회 기능, 즉 일하고, 생활에 필요한 물품을 구입하고, 치료와 보살핌을 받으며, 배우고 성장해나가는 등의 모든 기능에 접근하도록 관여한다.

　30년 전만 해도 미약한 신호에 지나지 않던 것이 이제 더는 무시할 수 없는 붉은 깃발이 되었다. 오늘날 그 붉은 깃발들의

1　Henri Lefebvre, Le Droit à la ville, Éditions Anthropos, 1968.

중심이 도시적인 것에 토대를 두고 있다는 자명한 사실을 받아들여야 한다. 전면적인 사회적 협약 없이는 그 어떤 해결책도 가능하지 않을 것이다. 교육, 문화, 경제, 사회 통합, 참여 민주주의, 회복 탄력성, 에너지와 디지털 전환 등과 더불어, 도시에서 다르게 살기, 더 잘 살기, 함께 살기는 도시 차원에서 힘을 모아 일구어야 하기 때문이다.

세계도시든, 중소 도시[2]든, 도시적인 것은 이제 도처에 편재한다. 대도시의 교통 혼잡이니 인구 밀집을 피할 대안으로서 중소도시의 삶을 구축하지 않고는, 그 어떤 지역도 평온하게 발전해나갈 수 없을 것이다.[3] 세계는 서서히 진화해가지 않는다. 19세기 이데올로기에 기인하는 국가 중심 문화에서 21세기 도시 중심 문화, 즉 서비스 산업 지향적이며 디지털적이고 편재적인 문화를 향해 빠른 속도로 나아가고 있으며, 우리는 이러한 문화를 토대로 다른 지표들을 마련해가야 한다. 우리가 우리의 도시와 영토를 매혹적으로 만들지 못할 경우, 당연히 한 나라를 매혹적으로 만들 역량은 확보할 수 없을 것이다. 그러니 우리에게 필요한 것은 더는 권력을 쟁취하는 상상이 아니라 우리가 살고 싶은 곳을 상상하는 힘이다!

---

2 Jean-Christophe Fromantin, Faire des villes moyennes la nouvelle armature territoriale de la France, 2020. 7. http://www.fromantin.com/2020/07/faire-des-villes-moyennes-la-nouvelle-armature-territoriale-de-la-france/

3 Christophe Demazière, Le traitement des petites et moyennes villes par les études urbaines, Espaces et sociétés, no. 168-169, 2017. p. 17-32. DOI : 10.3917/esp.168.0017. https://www.cairn.info/revue-espaces-et-societes-2017-1-page-17.htm

5

지속 가능한 대도시

―

도시보다
더 지속 가능한 것은 없다

　언젠가 몽골 ― 세계에서 인구 밀도가 가장 낮은 이 나라엔 1평방킬로미터마다 고작 두 사람이 사는 정도다 ― 에 머물던 중, 고비 사막을 가로질러 울란바토르를 향해 가다가 나는 숨이 멎을 듯한 풍광 속에서 자연과 어우러져 사는 이들의 모습에 경이로움을 느낀 적이 있다. 이때의 체류가 우리가 사는 방식, 주거지와 도시가 자연과 관계를 맺는 방식에 대한 나의 성찰의 자양분이 되어주었다. 오늘날은 중국과 러시아에 낀 상태지만 몽골은 엄연히 13세기에 지구상에 가장 큰 제국을 건설했던 몽골 제국의 후예다. 칭기즈칸 왕조는 세계의 작지 않은 부분을 정복했으며, 3천3백만 평방킬로미터에 달하는 엄청난 면적의 제국을 건설해서 폴란드, 헝가리, 불가리아, 아르메니아, 조지아, 서부 이란, 중국, 한국, 그리고 소아시아의 일부를 포함하여 지중해부터 태평양까지 거느렸다. 세상은 이 거대한 제국의 지배를 받았고, 역사는 번영을 이루었던 이 시대를 '팍스 몽골리카(Pax Mongolica)'라고 부른다. 그 덕분에 마르코 폴로를 비롯한 유럽의 상인들은 '실크로드'를 따라 어마어마한 땅과 인종들이 한 데 어울려 사는 한가운데로 여행을 할 수 있었다. 앞서 언급한 이탈로 칼비노의 《보이지 않는 도시들》은 마르코 폴로와 쿠빌라이칸 – 칭기즈칸의 손자 – 사이에 오고갔을 법한 대화를 상상하면서 이 굉장한 힘에 보내는 윙크라고 하겠다.

쿠빌라이칸 시대에 해당되는 1260년, 몽골 제국의 위력은 정점을 찍었다. 팍스 몽골리카는 종교뿐만 아니라, 사상과 과학기술의 전파에서 13, 14세기 유라시아에 고도로 이로운 시기였다고 할 수 있다. 아랍인, 중국인, 인도인, 페르시아인 등이 들여온 기술적 진보, 그리고 국제무역을 원활히 하는 세제나 은행 신용장, 우편 사무소와 더불어 자기 나침반, 화약, 종이, 물레, 금속 화로, 원근법 회화에 이르는 발명품들은 세상을 완전히 뒤집어 놓았으며, 광활한 영토를 가로질러 유럽까지 전해졌다.[1]

팬데믹 시대를 맞아, 우리는 1330년 중국 서부에서 발생한 서혜선종성 페스트, 즉 흑사병을 한 번쯤 상기해 볼 필요가 있다. 활발했던 무역 거래를 고려해 볼 때, 몽골제국의 영토는 아시아는 물론 유럽까지 전염병이 확산되는 주요 매개체로 작용

---

1 Jean-Paul Roux, Histoire de l'Empire mongol, Fayard, 1993.

했을 것이다. 당시 페스트로 아시아 인구 전체의 25퍼센트가 사망했고, 1346년 유럽에 상륙한 이후로 유럽인의 60퍼센트가 목숨을 잃었다. 이 전염병으로 몽골제국은 쇠락의 길로 접어들었으며 결국 1360년에 몽골의 세계 지배는 막을 내렸다.

제국이 건재한 동안 몽골인들은 자연 한가운데에 세워지는 전통 가옥을 고수했는데, 이 독특한 주거는 샤머니즘에 그 뿌리를 두고 있다. 인간과 환경의 조화와 균형을 추구하는 영적 실천 형태로, 자연의 리듬에 순응하는 유목민의 생활방식을 반영한다. 계절마다 유목민들은 가족 단위로, 나아가서는 부족 단위로 가장 적절한 초지를 따라 이동한다. 남자들은 '다리가 긴' 동물 – 말과 낙타 – 을 돌보고, 여자들은 '다리가 짧은' 동물 – 염소, 개 – 을 돌본다. 이들의 집, 즉 게르는 모두 동일한 형태에 동일한 지름, 동일한 색상을 지니며, 실내 공간 구성까지도 동일하다. 어떤 방식으로든 사회적 지위나 경제적 우열을 반영하는 법이 없다.

나는 이러한 '공통계'의 전통에 깊이 감명받았다. 이동하다가도 게르를 세우고 있는 다른 무리를 만나면, 일단 멈추고 먼저 자리를 정한 자들이 집 짓는 일을 도와야 한다. 만남은 너무도 자연스럽게 나눔의 시간이 되며, 경우에 따라서는 여러 날씩 계속 이어져 모든 사람들이 섞여 어울린다. 집 짓는 일이 다 끝나면 잔치가 벌어진다. 이 또한 나눔의 순간으로, 함께 하는 시간들 덕분에 이들의 전통은 계속 이어질 수 있는 것이다. 나는 이타성과 환대성이 오랜 전통으로 자리잡은 이들과 더불어, 예기치 않게 아름답고 풍요로웠던 만남의 일주일을 보냈던 기억을 떠올려 본다.

  수 세기 전에 정착된 삶의 방식, 조상의 문화와 전통, 대지의 리듬에 대한 깊은 이해가 남겨준 유서 깊은 유산에도 불구하고 유목민들은 어째서 그들의 오랜 지표를 잃어버린 채 울란바토르 같은 도시에 정착하게 되었을까? 몽골의 수도 울란바토르는 지난 20년 동안 엄청난 시골 탈출 현상에 의해 이제껏 볼 수 없을 정도로 대대적인 인구 증가가 있었다. 그 결과 인구가 150만 명에 이르는데, 이는 몽골 인구 전체의 45퍼센트에 해당된다![1] 이 같은 과도한 팽창은 이곳 인구가 20년 전인 1998년엔 66만 명, 2002년엔 85만 명이었다는 사실에서도 확인된다.

  나에겐 저자의 임대 아파트 건물에 붙어서 아이들을 위한 놀이터 역할을 하고 있는 게르의 이미지가 크나큰 충격이었다. 단위 세대로 쪼개진 아파트, 그러니까 수직화된 거주는 더 이상 게르가 상징하는, 영적이고 우주론적인 의미를 담고 있는 수 세대 동안의 전통을 재현하지 못하면서 조상들이 일궈온 문화의 소멸을 재촉할 뿐이었다. 게다가 빈민가가 우후죽순처럼 늘어났다. 도시 외곽은 온갖 비참함을 꾸역꾸역 받아들이면서, 가장 기본적인 공공 서비스조차 제공받지 못하는 게르가 밀집하게 되었다. 도시 정착화와 비대화가 진행되는 만큼, 이전부터 존재해왔던 삶의 방식은 조금씩 조금씩, 하지만 송두리째 사라지는 중이었다. 내 머릿속엔 수도 울란바토

---

1 몽골 통계청, 2018.

르 한가운데 세워진 석탄발전소의 이미지가 또렷하게 각인되어 있다. 세계에서 건강한 삶을 영위하는 데 가장 적합한 한 곳으로 꼽히던 그곳을 오염시키는 주원인이었다. 게다가 세계보건기구의 '도시와 건강' 분과는 오늘날 세계에서 가장 심하게 오염된 도시 가운데 하나로 손꼽히는 울란바토르 특별 지원 프로그램까지 시작했다.[2]

다른 대륙에서도 비슷한 상황이 관찰된다. 제각기 다른 관습과 풍습에도 불구하고, 똑같은 모순이 관찰되는 바, 이는 21세기의 내재적인 모순이라고 보아야 할 것이다. 사람들을 잡아끄는 매력을 지닌 도시들은 사회관계망 서비스에 힙입어 자꾸만 확대되어 나간다. 초연결성 덕분에 삶이 다른 식으로, 그러니까 대지의 계절성에 맞춰 사는 오랜 방식을 굳이 내동댕이치지 않는 삶의 방식을 유지할 수도 있을 텐데 역설적으로 한 곳으로 꾸역꾸역 모여드는 것이다. 이러한 역설은 도시 인구 집중과 그로 인한 자원의 집약적인 활용 – 그러다 보니 자원은 다른 곳에서 조달해야 한다 – 이라는 양상을 통해 수요 증가라는 치명적인 결과를 초래한다. 도시에서의 선적인 삶은 이제껏 보존되어 온 전통적 삶의 방식이 지니는 자연적인 순환성을 가차 없이 파괴해버린다.

인류는 한 해 동안 살 수 있을 만큼의 자원을 한 해가 다 가기도 전에 다 써버린다. 일 년 치 가용 자원을 다 써버리는 날이 한 해의 중간쯤에 닥치면, 그 후부터 연말까지는 외상으로

---

[2] 세계보건기구(WHO) 자료.

사는 셈이다.[1] 1970년의 경우, 그 날이 12월 말과 일치했고, 따라서 인류 전체의 필요를 충족시키기 위해서는 '하나의 지구'로 충분했다. 그로부터 30년이 지난 2000년엔 9월 말, 2019년엔 7월 말로 각각 앞당겨졌다. 그러다가 처음으로 이날이 뒤로 물러난 건 2020년이었다. 전년도보다 거의 한 달이 늦춰진 8월 22일에 바닥을 쳤다. 하지만 우리는 생존을 위해서 지금도 여전히 1.6개의 지구를 필요로 한다! 2020년에 상황이 조금 나아진 것은, 굳이 따져보면, 도시의 핵심 역할을 웅변적으로 보여준다고 할 수 있다. 코비드-19 팬데믹으로 보호 정책이 보편화되면서 나타난 검약 현상이 지구 자원의 절약으로 이어진 것이다. 이제껏 우리는 도시가 지닌 힘을 보여주는 이토록 극명한 증거와 맞닥뜨린 적이 없었다.

우리 앞에 열리는 불확실성의 시대에 도시민, 아니 인간들이 조금은 겸손해지게 할 수 있을까? 엄밀한 통계적 관점에서 보자면 지구상에서 인간의 현존은 상대적인 데이터에 불과한 것이, 오늘날 지구의 생물 종은 지금까지 지구에 출현했던 모든 생물 종의 1퍼센트에 지나지 않는다. 실제 지구에 존재했던 종들의 99퍼센트는 이미 멸종했기 때문이다. 45억 년 동안 지구는 인간 없이도 거뜬히 존재해왔다. 그랬던 지구가 이제 통제 불가능한 인간의 활동 때문에 제 6차 멸종[2] 위기를 맞을 수도 있다!

---

1 1970년부터 2020년까지 '지구 과부하의 날(Earth Overshoot Day)' 행진. http://www.overshootday.org/newsroom/dates-jour-depassement-mondial/

우리가 지속 가능한 세계를 위한 투쟁이니 전투에 대해 언급할 때면 일종의 생략법이 개입한다. 지속 가능한 세계라는 표현에는 살기 편하고, 존속 가능하며, 공정한 세계라고 하는 세 가지 도전에 중점을 두는, 최대한 깊이 있는 의미론적 성찰이 담겨야 한다. 경제학자이며 2006년 노벨 평화상 수상자인 무하마드 유누스는 저서《세 가지가 없는 세상》[3]에서 '탄소 제로, 빈곤 제로, 소외 제로'인 세상을 상상하며 삶에서 떼려야 뗄 수 없는 세 가지, 즉 생태적, 사회적, 경제적 필요를 언급한다. 우리가 정말로 지속 가능한 세계에 대해 이야기하기 위해서는 이 세 가지 구성 요소들 가운데 어느 하나도 무시되거나 소홀히 취급되어서는 안 된다.

보편성의 토대 위에서 복잡성에 접근하도록 하는 에드가 모랭 특유의 가르침 덕에 우리는 세 요소가 교차하는 지점을 훨씬 잘 이해할 수 있다. 생태적인 것과 사회적인 것의 교차점은 살기 편한 세계, 생태적인 것과 경제적인 것의 교차점은 존속 가능한 세계라면, 사회적인 것과 경제적인 것이 만나 이루어지는 세계가 공정한 세계다. 그렇다. 지속 가능한 세계란 살기 편하고, 존속 가능하며 공정한 세계가 만나는 곳에 자리 잡은 세계이다.

---

2   Gerardo Ceballos, Paul R. Ehrlich, Anthony D. Barnosky, Andrés García, Robert M. Pringle, Todd M. Palmer, Accelerated Modern Human-Induced Species Losses: Entering the sixth Mass Extinction, Science Advances, 2015. 6. https://advances.sciencemag.org/content/1/5/e1400253
3   Muhammad Yunus, A World of Three Zeroes: the new economics of zero poverty, zero unemployment, and zero carbon emissions[2017]

지속 가능한 세계를 위한 생태주의 투쟁은 기후 정의, 사회 정의, 경제 정의가 불가분의 관계를 맺는 세계와 한 편이 되어야 한다. 본질적으로 도시, 대도시, 권역 차원에서 일관되고 창의적이며 구체적인 행동을 통해서 이러한 의지를 투사해야 할 것이다. 그런데 환경 보호 차원으로 이해되는 생태학만으로는 충분하지 않다. 여기에 생물환경학과 동물행동학이라고 하는 두 가지가 결합되어야만 생태학의 목적이자 미래인 인본주의가 완성된다. 생물환경학, 즉 환경에 관한 과학은 인간 행동이 연구의 중심이다. 프랑스가 낳은 위대한 지리학자 오귀스탱 베르크[1]에 의해 프랑스에 도입된 이 학문은 특히 인간과 자연을 하나로 연결해주는 환경지리학의 역할을 조명한다. 우리를 둘러싼 환경만이 아니라 우리가 사는 방식, 우리 자신을 포함해 자연을 구성하는 모든 생명체, 무생명체와 관계 맺는 방식도 중요하다고 본다.

생태학이니 생물환경학이니 하는 환경학만으로는 여전히 충분치 않다. 우리는 세계를 어떻게 지각하는가? 변화나 도전이 필요할 때 우리는 어떻게 행동하는가? 철학자 브뤼노 라투르는 '새로운 기후체제'에서 도시의 역설, 그러니까 '우리가 사는 세계'와 '우리를 먹여 살리는 세계'의 모순을 명쾌하게 파헤친다.[2] 초연결성의 유비쿼터스, 자기 확증편향 시대를 맞아 나

---

[1] Augustin Berque, La mésologie, pourquoi et pour quoi faire ?, Annales de géographie, 2015/5(no. 705), p. 567-579. https://www.cairn.info/revue-annalew-de-geogrphe-2015-5-page-567.htm

[2] Bruno Latour, Leçon inaugurale, Sciences Po, 2019. 8. 28. https://www.youtube.com/watch?v=Db2zyVnGLsE&ab_channel=SciencePo

는 여기에, '우리가 살고 있다고 믿는 세계', 다시 말해 '흐릿한 거울'의 세계를 덧붙이려 한다. 나는 '도시에 대한 일그러진 욕망', 그리고 그 욕망이 초소비지상주의적 작태로 말미암아 어느 사이엔가 이미 구식이 되어버리는 '욕망 왜곡' 현상을 '흐릿한 거울'이라고 부르며, 이는 우리의 도시적 생활방식, 불충분한 자원, 유해한 행동 양태 사이에서 점점 커져만 가는 괴리를 이해하는 데 매우 중요한 요소라고 할 수 있다.

단적인 사례를 하나 들자면, 기후 위기 상황에 대기를 가장 많이 오염시키는 SUV 차량은 왜 가장 많이 팔릴까? 도시에서는 거추장스럽고 그다지 유용하지 않은데도 말이다. 국제에너지기구(IEA)는 한 보고서에서 이산화탄소 배출량의 가장 큰 비중이 SUV 차종에 있다고 명시한 바 있다.[3] 2010년, SUV 차량은 전체 자동차 판매량(3천5백만 대)의 18퍼센트를 차지했으며, 2018년에는 40퍼센트인 2억 대가 판매되었다. 국제에너지기구는 이런 판매 추이를 볼 때, 향후 20년 동안 매일 2백만 배럴씩 석유 수요가 늘어나는 셈이라고 추산한다. 이 한 가지 사실만으로도 전기 차 약 1억 5천만대로 절약되는 에너지는 고스란히 무효화되고 말 것이다.

따로 떼어 생각할 수 없고 매우 중요하며, 변화에 필수적인 모태인 세 번째 접근은 행동과학이라 할 수 있는 동물행동

---

3   Laura Cozzi, Apostolos Petropoulos, Growing Preference for SUVs Challenges Emissions Reductions in Passenger Car Market, IEA, 2019. 10. https://www.iea.org/commentaries/growing-preference-for-suvs-challenges-emissions-reductions-in-passenger-car-market

학이다.[1] 우리는 어떻게 해야 의식 있는 변화의 주역이 될 것인가? 아니면 무의식이 이끄는 대로 복지부동, 거부, 퇴행의 인자로 전락하고 말 것인가? 또 도시 삶의 질을 저하시키는 그 많은 몰상식과 무례함을 어떻게 설명할 것인가? 쓰레기 문제는 이러한 문제의식을 아주 잘 보여주며 도시의 청결은 가장 자주 거론되는 주제다. 이 문제에서 시민들은 어떤 역할을 하며 얼마나 관여하는가? 집집마다 돌며 쓰레기를 수거하는 방식이 중단되면, 거리의 집하장으로 옮길 주민은 얼마나 될까? 우리 모두 스스로에게 질문해보자. 우리의 쓰레기는 왜 '공동의 몫'이 아닌가?

그러므로 생태학, 생물환경학, 동물행동학을 통해 '우리가 사는 세계', '우리를 먹여 살리는 세계', '우리가 살고 있다고 믿는 세계' 사이의 접점을 찾아, 도시 또는 대도시 차원에서, 현재 진행 중인 기후 위기, 생물다양성의 소멸 현상 등의 원인을 체계적으로 이해할 수 있다. 이 세 가지 견지에서 자연과 사회, 삶의 방식 사이에 존재하는 연관 관계를 성찰하고, 각각의 경제적, 사회적, 환경적인 수렴에 천착할 수 있다. 그래야만 인류세가 촉발한 크나큰 변화도 이해하게 된다. 이는 '공통계'를 위해 지구적인 차원에서 벌이는 전투의 정당성을 상기시킨다. 이제 자연과 인간, 사회 사이의 관계가 아닌 인간과 인간의 관계를 공익이라는 핵심 개념의 전유를 통해서, 자연과 타인에

---

1 Raymond Campan & Felicita Scapini(dir.), Éthologie. Approche systémi que du comportement, chap. i, Histoire de l'éthologie, De Boeck Supérie ur, 2002, p.9-33. https://www.cairn.info/ethologie--9782804137656-page-9.htm

대한 존중, 차이에 대한 존중을 가슴에 깊이 새기고서, 다시 생각해보자.

뉴욕주 빙엄턴 대학의 제이슨 W. 무어 교수는 《생명의 그물 속 자본주의》[2]에서 기후와 식량, 노동과 금융 등을 연결시키는 시스템 수렴에 관한 연구의 필요성을 역설한다. 고대 그리스어에서 '집', '유산'을 뜻하는 오이코스(oikos)와 더불어 그는 "모든 종들과 그들의 환경을 하나로, 다양한 형태로 나타나는 하나의 관계, 그 안에서 종들이 환경을 생산하고, 이와 동시에 환경은 종들을 발생시키는 관계로 생각할 것"을 제안한다. 그는 인류세를 둘러싼 토론 속에서 이 개념을 담금질하여 새로이 상호의존적인 '생명의 그물(web of life)'을 형태화하고자 한다. 그 생명의 그물엔 '자본의 시대' - 그는 자본세(capitalocène)라고 부른다 - 가 자리할 것이다. 이보다 한층 더 과격한 작가들은 제조업자와 로비꾼들(미국의 도널드 트럼프나 그에 버금가는 자들)의 요구로 수립된 기후 침해 정책들을 자양분 삼아 한술 더 뜬다. 이들은 인간의 자기도취가 탐욕과 자기숭배의 기묘한 혼합 - 여기에 개인주의와 타인에 대한 증오, 차이의 거부 등도 더해야 한다 - 으로 지구 패망의 도화선이 되어갈 때, '위대한 시대(mégalocène)' 또는 '소시오패스의 시대'[3]라고 하는 최신 사회학적 개념을 발전시켰다.

---

2   Jason W. Moore, Capitalism in the Web of Life: Ecology and Accumulation of Capital[2015](생명의 그물 속 자본주의: 자본의 축적과 세계생태론, 갈무리, 2020.)
3   작가이자 환경운동가, '딥 그린 레지스탕스(Deep Green Resistance)'의 창립 멤버인 데릭 옌센(Derrick Jensen)이 만든 개념.

인류세와 이익, 수익성, 탐욕, 지나치게 비대해진 자의식을 토대로 하는 생활방식을 확실하게 인식해야만 인류가 일촉즉발의 위기에 놓여있음을 깨달을 수 있다. 국가 거버넌스에 대한 복합적 성찰이란 도시, 대도시, 도시 권역에서 활동하는 모든 사람, 그리고 패러다임 전환에 나선 모든 시민을 존중하고 그들의 말을 경청하며 대화하는 것이기도 하다.

2009년, 세계은행은 〈경제지리 재구축〉[1]을 발표했는데, 도시화 현상을 다루고 있는 이 보고서는 도시를 '개발과 발전의 촉매'라고 전제하면서 도시 밀집화와 불평등을 긍정적으로 보았다. 그런데 여기서 말한 도시 밀집화와 불평등이 다시금 현안이 되고 있다. 실제로 생산은 대도시와 역동적인 지역, 부자 나라들로 집중된다.

- 세계 총생산의 60퍼센트는 6백 개 도시에서 나온다. 이들이 차지하는 면적은 지구 전체의 1.5퍼센트에 불과하다.[2]
- 카이로는 이집트 국내총생산의 절반 이상을 생산하지만 이 나라 영토의 0.5퍼센트만 사용할 뿐이다.
- 브라질 남부와 중부의 세 개 주는 국가 면적의 15퍼센트를 차지하며, 전체 생산량의 50퍼센트 이상을 생산한다.

---

1 World Bank, Reshaping Economic Geography, 2009. http://documents1.worldbank.org/curated/en/730971468139804495/pdf/437380REVISED01BLIC1097808213760720.pdf
2 Ginerva Rosati, Urban World : mapping the economic power of cities, The Urban Media Lab., https://labgov.city/theurbanmedialab/urban-world-mapping-the-economic-power-of-cities/

- 북아메리카, 유럽, 일본(세 지역의 인구는 다 합해도 10억 명이 안된다)의 주요 도시들 가운데 4분의 3 정도는 세계에서 가장 부유한 곳으로 손꼽힌다.

이러한 경제적 집중은 세계은행의 보고서가 나온 지 10년 만에 끔찍한 사실에 직면한다. 바로 일부 도시민들의 소외 현상이다. 주민이 배제되는 현실은 개발과 진보를 이끄는 도시의 역설이다. 도시의 사회경제적 신진대사가 왕성해질수록 도시에 편입되고자 하는 사람들을 점점 더 많이 끌어당기고, 더 많은 빈곤과 사회적 소외가 정착한다.

앞에서 이미, 중국의 3대 초광역권[3] – 베이징-하얼빈을 축으로 하는 북부 지역, 상하이, 닝보, 저우산(세계 최대 항구), 항저우 등 150여 개 도시가 있는 양쯔강 삼각주 지역, 그리고 마카오와 홍콩을 포함하는 주강 삼각주 지역 – 의 부상을 눈여겨보지 않고는 세계 2위 경제 대국 중국의 위력과 전망을 이해하기란 불가능하다고 언급했다. 이제 그 세 번째, 주강 삼각주 지역을 집중적으로 살펴보자.

주강 삼각주 지역은 인구 6천6백만 명으로 세계에서 가장 큰 도시 권역을 형성하는데, 인류 역사상 가장 빠른 성장 속도를 자랑하며 불과 몇 년 만에 도시화되었다. 다른 두 지역과 마찬가지로 도시와 항구, 특별경제구역 등으로 구성되어 있

---

3 Jeff Desjardins, 35 Chinese Cities With Economies as Big as Countries, Visual Capitalist, 2017. 11. https://www.visualcapitalist.com/31-chinese-cities-economies-big-countries/

고¹ 이 권역의 성장은 당연히 중국인 수백만 명의 대대적인 이주와 궤를 같이 한다. 읍이며 촌락들은 서민 제조업 유산을 변모시키며 개발되었고, 초광역권의 행정도 지방 분권을 동반했다. 그리고 국내외 시장의 수요에 부응하기 위해 가장 강력하고 가장 넓은 다핵 지역이 되었다. 역설적으로, 이 지역은 구조적 분산에서 경제적 힘이 나온다. 대한민국의 국내총생산과 맞먹을 정도로, 세계에서 가장 부유한 지역들 가운데 하나로 손꼽힌다.²

무대를 조금 바꿔보면, 파리에서 자동차로 몇 시간쯤 떨어진 곳에 '란트스타트'³가 있는데 암스테르담, 로테르담, 헤이그, 위트레흐트를 한 덩어리로 묶어서 일컫는 말이다. 이 도시들 사이에서는 그 어떤 제도적 중앙집권화가 명문화된 적이 없다. 그럼에도 주민 수가 8백만 명 – 네덜란드 인구의 5분의 2 정도 – 이 넘는 란트스타트는 유럽연합에서 파리, 런던, 밀라노에 이어 네 번째로 큰 경제지역이다.⁴ 이러한 도시 연합을 통해 유럽 최대 항구인 로테르담과 유럽 3위 공항인 암스테르

---

1 Graeme Villeret, Mégalopole du delta de la rivière des Perles, Population Data.net, 2016. https://www.populationdata.net/2016/06/21/megalopole-delta-de-riviere-perles/
2 Nick Routley, This is How the Pearl River Delta Has Transformed from Farmland into a Megacity, WEF, 2018. 8. https://www.weforum.org/agenda/2018/08/megacity-2020-the-pearl-river-delta-s-astonishing-growth/
3 란트스타트(Randstad)는 네덜란드어로 반지 모양의 연합도시를 뜻한다. - 옮긴이
4 Vlad Moca-Grama, What is the Randstad? The Complete Explainer, Dutch Review, 2020. 2. https://dutchreview.com/culture/randstad-explainer/

담-스키폴 공항을 다른 도시 네트워크와 연결함으로써 란트스타트는 성공적으로 도심 – '녹색중심(Groene Hart)'이라고 불린다 – 인구 밀집도를 낮은 수준으로 유지하고 있다. 환경 보존과도 긴밀하게 연결되어 있는 란트스타트는 그 자체로 실험실이라고 할 수 있다. 국립경관 보존지로 지정된 이곳은 이탄지(泥炭地)를 보존하는 환경 자산인 동시에 고효율 농업과 방문 빈도 높은 여가 공원이라는 두 가지 기능도 동시에 수행하고 있다. 광대한 도시 정원에는 생태 통로가 정비되어 있다.

이번에도 역시 프랑스에서 멀지 않은 곳에 있는 밀라노의 사례를 보자. 이탈리아의 복잡한 정치 맥락 속에서 대단히 흥미로운 연구 대상인 밀라노는 북부 이탈리아의 수도 격인데, 이 도시에서의 삶은 역동적인 사회영토적 신진대사가 원활하게 이루어지고 있는 좋은 사례다. 10년 동안 진행된 쇄신 과정의 정점은 2015년에 개최된 세계박람회였다고 할 수 있다. 하지만 밀라노 성당 두오모 광장 앞에 마흔두 그루의 야자수와 바나나 나무를 잇따라 심으면서 이탈리아인들의 비웃음을 사기도 했다. '감히 도전하는 밀라노'의 시장은 거대도시 면면의 정체성을 도시 자체의 DNA에서 끌어내는 데 역점을 두고 지속적으로 밀고 나갔다.

넘치는 매력과 문화, 학문, 뿐만 아니라 창의력 넘치는 제조업 기반의 도시는 대중을 끌어들이는 역량과 변화에 대한 적응력까지 갖추었다. 실제로 밀라노에는 비중 있는 여러 기업들의 본사가 자리하고, 특히 명망 있는 보코니 대학과 라스칼라 같은 세계적인 예술 공간까지 품고 있으며, 패션과 디자인,

출판의 수도로 인정받아 유럽에서 으뜸가는 중요 도시로 자리를 굳혔다. 이탈리아 거버넌스의 고질적인 위기 정국에서 가히 예외적이라 할 정도로 모범 사례가 아닐 수 없다. 2014년에는 스테파노 보에리의 야심적인 부동산 프로젝트 '보스코 베르티칼레'[1] – 도시 생태학의 가능성을 보여주는 두 개의 수직 숲 빌딩 – 가 대중에게 공개되었다.

이탈리아가 수도 없이 반복되는 정체성 위기로 추락을 거듭하는 동안, 효율적인 대중교통 체계와 더불어 세계에서 두 번째로 고속도로가 건설된 이 지역에서는 유럽을 향해 문을 활짝 열었다. 실제로 밀라노는 인구 130만 명[2]을 거느린 롬바르디아주의 주도 – 134개의 기초 단위로 이루어진 도시 권역 인구는 320만 명[3] – 이자 이탈리아 전체에서 네 번째로 큰 광역 단위(인구 810만 명)의 중심이며, 서유럽에서 가장 긴 전차 노선 – 18개 노선, 총연장 115킬로미터 – 을 가진 도시로도 유명하다. 국제교통포럼 상까지 받으면서 2019년부터 유로 0, 1, 2, 3 기준에 해당하는 경유차의 도심 접근을 금지했으며 2024년까지 점진적으로 기준을 유로 5까지 높여갈 계획이다. 또한 1998년에 제정된 도심 진입 요금소 '에코패스'를 확대 설치하

---

1   보스코 베르티칼레(Bosco Verticale)는 이탈리아어로 '수직 숲'을 뜻한다. https://www.stefanoboeriarchitetti.net/en/project/vertical-forest/
2   밀라노시, 지역 오픈 데이터, 통계청, 2016. http://mediagallery.comune.milano.it/cdm/objects/changeme:75132/datastreams/dataStream8700203706415806/content?pgpath=ist_it_contentlibrary/sa_sitecontent/segui_amministrazione/dati_statistici/popolazione_residente_a_milano
3   2020년 밀라노 인구, 세계인구리뷰. https://worldpopulationreview.com/world-cities/milan-population

고 2012년부터는 도심 'C 구역'으로의 진입을 통제했다. 에코 패스가 대대적으로 성공을 거두자, 시는 이를 확장하기로 한 것이었다. 통제는 C 구역으로 진입하는 43개 지점에 감시카메라를 설치하여 진입 차량과 요금을 정산한 차의 번호판을 대조하는 방식으로 이루어진다.

이상은 대도시 거버넌스에서 도시 또는 영토 개발의 복잡성을 보여주는 몇몇 사례들로, 고리타분하고 천편일률적인, 틀에 박히고 제도적이며, 수직적이고 칸막이식의 시선에서 벗어나라고 일깨워준다. 우리 앞에는 도시와 영토 차원을 아우르는 사회적, 정치적, 경제적, 생태적 경영 방식을 새로운 형태로 창조해야 하는 도전이 놓여 있다. 이 새로운 형태란 이제부터 설계되어야 하며, 십중팔구 매우 복잡하고 혼합적이며, 심지어 모순적일 수도 있는 어떤 것이 될 것이다.

지속 가능한 대도시가 안고 있는 중요한 문제들 가운데 하나인 자동차의 이동성 문제를 보자면, 관련 수치들이 긴급한 기후 위기를 타개하는 방향과는 동떨어져 있음을 알 수 있다. 나홀로 자동차는 분명 도시 교통 체증의 주요한 원인이다. 오염 문제만 야기하는 것도 아니다. 자동차 운행은 공동의 자산인 공적 공간을 전유한다는 원초적인 문제도 발생시킨다. 여러 개의 차선이 그려진 대로를 비롯해 아스팔트와 광물로 포장된 각종 도로, 교차로, 주차장 등은 자동차를 위한 시설이며, 주민들로부터 막대한 공간을 앗아간 결과이기 때문이다. 시민들이 나서서 이 공간을 자연, 물 등을 갖춘 삶의 공간으로 변화시키는 일이야말로 전 세계 도시에서 벌여야 하는 치열한 전투일 것이다. 사실 이렇게 말하기는 간단하다. 그럼에도 불구하고 답은 지역 차원의 거버넌스와 방향 설정에 있다. 이것이 강력하고 과감해서 때로는 몹시 불쾌감을 줄 수도 있지만 그 토대는 역사의 진행 방향과 일치한다. 오늘날 우리는 이러한 중요성을 강조할 수 있을 정도로 거리 두기가 가능하다.

서울에서 2002년에 첫 삽을 뜬 청계천 공원 조성 프로젝트는 도심 고속도로를 없애고 도로 밑에 감춰져 있던 하천을 복원시켰다. 그로부터 10년 후, 자동차들에게 할애되었던 도시 공간을 삶의 공간으로 변화시키는 일이 얼마든지 가능하다는 사실이 입증되었다.

뉴욕에서는 빌드블라시오 시장이 '하나의 뉴욕 2050'[1] 일환으로 도로에서의 이동성을 대폭 개선하기 위해 필요한 투자와 정책을 발표했다. 이 가운데에는 버스 운행 속도 향상, 기업 근무시간 외 배달 유도, 로어맨해튼 지역에 보행 우선 구역 신설 같은 구체적인 내용이 포함되어 있다. 시민들의 원활한 이동을 돕기 위해 취해진 이 같은 조치들은 2021년 도심 진입 요금소 신설과 동시에 실행에 들어간다. 2019년 11월 초, 시의회는 전면적인 도로 정비와 자전거 이용자와 보행자의 안전 개선에 10년간 17억 달러를 집행하기로 결정했다. 이렇게 되면 뉴욕은 새로운 자전거 도로 250개를 신설하고 '자동차 중심 문화 타파'를 노리는 대대적인 이전을 통해 보행자 위주의 환경을 건설하게 될 것이다.

1 https://onenyc.cityofnewyork.us

그런가 하면 콜롬비아의 전설적인 도시 메데인의 경우, 메트로 케이블에 이어 도심 '리오 공원' 프로젝트도 하천 복원이 어떤 방식으로 삶을 바꾸며, 또한 도시를 어떻게 변화시키는지를 보여준다. 자연을 되찾고 사회통합을 촉진하며 새로운 도시형 서비스를 제공하는 일이 도시를 삶에 돌려주는 변화의 핵심이 되었으며, 이는 여러 차례 국제적인 상을 받는 결과로 이어졌다.

'5분 동네'라는 구호를 내건 코펜하겐도 창의적인 활력을 보여준다. 노르드하운은 초근접성과 다중 서비스, 근거리 접근 서비스 등을 통해 환경적, 사회적, 경제적 발전을 수렴시킴으로써 한 단계 전진하고 있다.

아프리카에서는 키갈리의 사례가 환경, 사회, 경제 분야를 통합적으로 고려하는 도시 공간의 진일보한 면모를 보여준다. 2004년부터 비닐봉투 사용을 금지하고, '쓰레기 줍는 날(umunga)'을 의무화했으며, 대대적인 보행자 거리 조성, 공공 서비스 분산 등이 이루어졌다. 그 배경에는 야심찬 저탄소 정책이 있다. 그리고 르완다는 긴급 의료지원 수송에 드론을 상시적으로 활용하는 앞선 나라이기도 하다.

중국 선전시는 오늘날 세계에서 전기버스를 가장 많이 운영하는 도시로 손꼽히는데, 이는 대중 교통과 공공 공간 활용 정책을 최우선으로 내세운 결과다.

우리가 처한 시급한 상황이 워낙 시급하여 더는 선택의 여지가 없다. 어중간한 미봉책은 통하지 않는다. 2050년 탄소

제로라는 목표를 달성하기 위해서는 향후 30년내 탄소배출량을 급격히 감소시켜야 한다. 여기에 이동성이 결정적인 역할을 할 것이다. 탈탄소와 초근접성은 근거리 도시 자원의 재발견과 더불어 그 어느 때보다도 현안으로 대두될 것이다.

대도시는 하나의 영토이므로, 영토와 균형 잡힌 영역성을 갖추어야 한다. 이는 상당히 미묘한 하지만 반드시 필요한 일이다. 기회를 만들어내는 촉매가 되는 영역성이 불평등과 불편함을 낳는 대도시화를 방지하고 주민들을 정착시키기 때문이다. 도시 현상으로 말미암아 인간과 주거지, 자연 사이의 관계는 이미 전복되었기에, 장소에 대한 사랑, 도시에 대한 사랑에는, 장소들에 드리워질 위협을 인지하고 정보 확산에 대한 책임을 다하기 위한 상시적인 노력도 함축되어 있다.

이러한 목소리가 사람들한테는 거의 들리지 않기 때문에 나는 서슴없이 거듭 말하고 또 말한다. 그렇다. 오늘날 기후변화가 대규모 건설 사업, 천연 자원 고갈, 이제는 거의 일상적인 대규모 오염, 도시의 물 부족 스트레스, 생태계에 미치는 영향 등과 더불어 우리 삶의 질에 중대한 영향을 끼치고 있음을 시급히 깨달아야 한다. 우리의 건강과 생명 사슬 전체의 장래를 심각한 위험 속으로 몰아넣는 요인들이다. 그리고 그로 인한 결과는 대도시들의 부상, 거대도시들의 지속적인 성장세뿐만 아니라 중소 도시들의 매력까지 의심하게 만든다. 또한 우리의 삶, 도시와 농촌 공간, 생물다양성의 관계를 혼란에 빠뜨린다. 위기임을 깨닫고 이제까지와는 다른 길을 가기로 선택한 시장들은 우리의 지지를 받아야 마땅하며, 우리는 그들과 동행해야 한다. 그들은 지금 눈 앞에서 펼쳐진 현실을 직시하는 용기있는 자들이므로. 실로 긴급한 상황임에도 함께 행동에 나서지 않는다면 우리는 비극으로 치달을 것이다.

6

현실에 입각한 근접성
―
15분 도시

"모든 것은 변한다: 공간은 축소되고 시간은 줄어들며 경계는 희미해지고, 세계는 이제 하나가 된다. 머지않아 사람들은 파리에서 브뤼셀을 몇 분 만에 주파하게 될 것이며 고작 며칠 만에 세계를 일주하려 들 것"이라고, 폴 아자르는 〈1930년의 프랑스인〉이라는 제목의 강연에서 얘기했다.[1] 과연 독일의 침공이 있기 전 마지막으로 선출된 한림원 회원이었으나 해방 직전에 사망하는 통에 돔 천장 아래서 거행되는 공식 입단식을 갖지 못한 지식인의 선견지명 있는 명언이 아닐 수 없다. 물리법칙은 결정적이었다. 거리와 시간, 속도, 가속화, 힘, 운동 에너지와 포텐셜 에너지 등을 통한 과학과 기술의 제어는 우리의 현대성에 리듬을 만들었다. 1800년, 파리에서 리옹까지 470킬로미터를 주파하는 데 역마차는 108시간이 걸렸다. 1840년, 우편마차는 주행 속도를 높여 36시간으로 단축했다. 1870년엔 기차의 등장으로 이 시간이 9시 17분으로 짧아졌다. 오늘날 초고속열차 TGV는 같은 거리를 1시간 47분 만에 주파한다. 교통역사 전문가 크리스토프 스튜데니가 말했듯이, 측정된 시간의 개념은, 처음엔 경험, 현재, 감정 등과 연결된 주관적인 요소였다가 차츰 기능적인 자동제어의 대상이 되었다.[2] "1830년, 사람들은 우편마차를 타고 밤에 여행을 했지만, 역참에 멈추면 조르주 상드는 꽃을 따고 나비를 잡으러 다니는가 하면 여행길에서 마주치는 포도주 농장 인부들과 담소를 나눌 시간적 여유를 즐겼다. 빅토르 위고의 피레네 여정은 사흘밖에 안 걸렸지만, 역마차에서 주변 풍광을 돌아볼 여유는 없었다 하여 여러 여행객들은 불평했다. 풍경이 너무 빨리 획획 지나가는 통에 여유는커녕 좌절감만 맛보았다는 것이었다."[3]

우아하게 장식된 괘종시계의 등장과 더불어, 시간의 측정은 어떤 유용성보다는 부를 과시하는 표식이 되었다. 철도가 발달하는 19세기에 들어와서는 정확성을 추구하는 일이 전면적인 동시에 의무가 되었다. 프랑스에서 정확성을 기하는 일은 가히 전설적이었으며 오늘날에도 여전히 그렇다. 그러나 20세기 초에 테일러리즘에 이은 포디즘의 출현, 그에 따른 연

---

1   Paul Hazard, Les Français en 1930, Société des conférences, 1930. 2. 28.
2   Christophe Studeny, Une histoire de la vitesse : le temps du voyage, Michel Hubert, Bertrand Montulet, Christophe Jemelin, et al. (dir.), Mobilités et temporalités, Presses de l'université Saint-Louis, Bruxelles, 2005, p. 113-128.
3   같은 책, 같은 곳

속 공정, 대량 생산방식으로 말미암아 시간의 측정은 엄밀해졌고 일반화되었다. 다음에 소개하는 테일러의 소고는 이 사실을 분명하게 드러낸다. "건성으로 태만하게 일하거나 고의로 작업 속도를 늦추는 데에는 두 가지 원인이 있을 수 있다. 첫째는 인간의 타고난 본성인 게으름으로, 천성적으로 무사태평인 탓이다. 두 번째로는 노동자들이 동료들과 맺는 관계에서 파생되는 복잡한 구실덩어리들로, 우리는 이를 '시스템적 무사태평'이라고 부를 수 있을 것이다."[4] 테일러식 혁신은 노동자 개개인의 동작 시간을 정확히 측정하고 시간을 수치화했다. 그리고 동작 하나 하나를 수행하는 방식을 규정했다. 이른바 '가장 좋은 유일한 방식'의 원칙이다.

미국 출신의 기술, 과학 및 도시계획 역사가 루이스 멈퍼드는 자신의 저술에서 산업혁명을 가능케 한 결정적인 발명은 시계라고 지적한다. "시계는 기계설비의 하나로, 만들어낸 생산품이 바로 분과 초이다."[5] 정확하고 체계적인 시간 측정에 따른 노동 분업은 '관리실'이라는 기구를 창조하기에 이른다. 관리실은 생산방식을 끊임없이 연구하고 노동자들에게 상세한 행동지침을 주는 곳이었다. 정확한 시간, 즉 날, 시간, 분, 초 단위로 시간을 쪼개는 계산 방식은 기존의 사회 조직을 완전히 전복시켰으며 모든 분야에 지대한 영향을 끼쳤다.

---

4   Frederick Winslow Taylor, La Direction scientifique des entreprises[1911] (과학적 관리법, 21세기북스, 2010.)
5   Lewis Mumford, Technics and Civilization[1934](기술과 문명, 책세상, 2013.)

우리의 손목에 찰싹 달라붙어 삶의 리듬을 의존하게 만드는 자율적 시간 측정 방식은 1960년대 말에 등장한다. 1968년 사회 갈등 – 이 갈등은 부분적으로 생산 리듬과 연속생산 체계에 대한 반발에서 비롯된 것이기도 했다 – 이 절정에 달했을 때, 통제권을 되찾으려는 의지가 확산되었다. 그러나 이러한 생산방식에 따른 도시 구조, 그러니까 도시적인 현실은 그 후로도 계속 돌이킬 수 없이 불일치를 생산하고, 이 불일치는 향후 수십 년에 걸쳐 내내 우리 발목을 잡게 될 터였다. 바로 삶과 노동의 장소 사이에 가로 놓인 선적인 시간 측정의 불일치 말이다. 생산을 위한 장소는 점점 더 멀어지고 공간의 분할은 노동자들을 삶의 터전에서 먼 곳으로 떠다 밀 것이다. 뒤이어 등장할 탈제조업화가 이 현상을 한층 증폭시키면서 각종 불편함, 불만, 의미 상실 등과 같은 해악을 동반하게 될 것이다. 이렇게 되면 근접성의 영토적 특성은 옅어지면서 지하철, 광역철도, 기차, 또는 권력의 상징 혹은 직업의 사회적 성공을 나타내는 자가용 승용차로 무게 중심이 옮아간다. 그러는 내내 도구로서의 시간 개념은 상실되어 오로지 선적인 시간, 노동 또는 생산 시간만이 부각된다.

　루이스 멈퍼드는 《역사 속의 도시》[1]에서 도시가 건설되어 가는 방식을 탐사한다. 도시의 확장에 대해 그는 우리 시대가 안고 있는 사회 문제와 도시 배치가 직접적인 관련이 있다고

1　Lewis Mumford, The City in History, its Origins, its Transformations and its Prospects[1968](역사 속의 도시, 그 기원과 변모와 전망, 지만지, 2016.)

확신한다. 살아있는 도시, 압축 도시의 선구자 격인 그는 주민들 사이의 관계, 개인과 삶의 장소 사이의 관계를 최우선으로 삼는 유기적 비전을 제시했다. '대도시 금융'이나 무분별한 건설 등에 맞서 그는 정치 공작과 궤변, 단순한 기술 해결책 등에 대해 경고했다. 그러한 것들로 인하여 인간이 지역 공동체라고는 전혀 고려하지 않는 도시적 삶 속에서 노예화된다는 것이었다. "도시의 경제적 기능과 물리적 구상은 도시가 자연 환경과 인류 공동체의 영적 가치와 맺는 관계에 비해 부차적이다."

또한 1955년 〈뉴요커〉지에 연재한 '더 스카이 라인'에서, 삶의 질은 무시한 채 도로 인프라와 자동차들만 있으면 도시는 확장하기 마련이라는 식의 기술만능주의에 반기를 든 문장은 너무나 유명한 명문이라 훗날까지도 기억된다. "전문가라고 하는 이들이 뉴욕의 교통체증을 해결하기 위해 제안하는 치료책의 대부분은 기존 도로를 증설하거나 주차장을 넓히는 식으로, 차가 많으면 수용할 용량을 늘린다는 단순한 생각에 토대를 두고 있다. 사실, 애초부터 자동차들이 도심으로 들어오고 싶은 마음이 생기지 않으면 문제가 발생하지도 않을 텐데 말이다. 비만에 대처하는 양복장이의 해법 – 바지의 솔기를 넉넉하게 두고 허리띠를 헐렁하게 매기 – 처럼, 지방을 잔뜩 축적한 식탐가들에게는 아무 소용이 없다."

하지만 생산-소비라는 지배적인 한 쌍의 존재감으로 인하여, 루이스 멈퍼드와 제인 제이콥스의 연구처럼 많은 선구적 업적들에 귀를 기울인 사람은 별로 없었고, 삶의 질을 위한 영토, 도시 공간, 시간성, 근접성 등에 새로운 비전을 제시하는 일도 불가능했다. 그러므로 성찰의 출발점은 잃어버린 시간이 되어야 할 것이다. 왜 사람들은 새벽 여섯 시면 일어나, 한 시간씩 걸리는 여정을 반복하느라 가족과의 삶을 희생해야 하는가? 그야 다른 선택지가 없기 때문이다. 사람들의 생활 리듬과 일상은 그 무엇의 통제도 받지 않는 도시 생활로 강제된다. 오직 삶의 계획에 대한 새로운 접근법만이 장소와 이동, 시간의 개념을 통합시키고 시간성의 차원을 고려하도록 도와줄 수 있다. 바로 '시간도시계획(chrono-urbanism)'이다. 도시의 사용 방식을 문제 삼는 이 개념은 제인 제이콥스의 살아있는 도시, 뉴어바니즘 운동,[1] 토르스텐 헤이거스트란트[2] 같은 시간지리학 계통 사상가들, 프랑수아 아쉐[3]와 뤽 귀아즈진스키[4]를 중심으로 하는 프랑스 학파의 도시 리듬 연구 등을 계승했다고 보면 된다.

'15분 도시'라는 구호를 내세울 때 나는 다른 차원들까지 통합하면서 앞으로 나아가고자 한다.[5] 여러 개의 중심을 가진

---

1 Emily Talen 외, Charter of the New Urbanism[1999](뉴어바니즘 헌장, 한울아카데미, 2009.)
2 Torsten Hägerstrand, Time Geography: Focus on the Corporeality of Man, Society and Environment, dans Shuhei Aida (dir.), The Science and Praxis of Complexity: Contributions to the Symposium held at Montpellier, France, 9-11 May, 1984, United Nations University Press, p. 193-216.
3 François Ascher, Modernité : la nouvelle carte du temps, Éditions de l'Aube/Datar, 2003 ; id., Du vivre en juste à temps au chrono-urbanisme, Annales de la recherche urbaine, no 77, 1997, p. 112-122.
4 Luc Gwiazdzinski, Quel temps est-il ? Éloge du chrono-urbanisme, 2013 ; id., La ville 24 heures sur 24 : regards croisés sur la société en continu, Pacte, Laboratoire de sciences sociales (2003-2015).

도시라는 비전을 제시하고, 사람을 위한 서비스들을 가까운 거리에 배치하고, 지역적인 것에 보다 역점을 두고, 이웃 간의 관계를 촘촘하게 만들며, 실업자들에게 수치심을 안겨주기 마련인 직업의 사회적 지위에서 탈피하고, 가령 자동차는 남성적인 것이라는 식의 성차별적인 도시에서 벗어나 장소에 대한 애정을 되찾고 싶었다.

다중심적 도시야말로 모든 구태를 타파하고 새로운 접근을 가능하게 한다. 우리가 도시를 사용하는 방식에 따라 도시의 형태는 달라질 수 있다. 기존의 기반설비를 최적화하려면 통상적으로 단일 용도의 건물에 여러 기능을 부여하는 것이 합리적이고 논리적이다. 가령 학교를 방과 후엔 사회 활동이나 문화 활동을 위한 공간으로 사용하는 식이다. 이럴 때를 우리는 '크로노토피아(chronotopia)'[6]로 말할 수 있다. 여기에 자신이 사는 도시에 대한 소속감과 애정이 더해져야, 그 도시에서 영혼이 빠져나간다거나 존중받지 못하는 불상사가 일어나지 않는다. 이를 우리는 '토포필리아(topophilia)'[7]라고 부른다.

15분 도시는, 이를테면 이 세 가지 기본 요소들의 통합체로 나타났다. 왜냐하면 15분 도시는 자신을 위한, 가족과 이웃을 위한 시간을 갖도록 해줄 뿐 아니라, 장소의 활용도를 높

---

5 Méthodologie, Portes de Paris, Ville du quart d'heure-territoire de la demi-heure, Transitions urbaines et territoriales, chaire ETI-Université Paris I Panthéon-Sorbonne, IAE de Paris, 2019.
6 객관적이고 정량적인 시간을 뜻하는 크로노스(chronos)와 장소를 뜻하는 토포스(topos)의 합성어로 시간과 공간의 결합, 시간에 따라 달라지는 시공간의 차원을 말한다. - 편집자
7 장소에 대한 애정/애착 - 편집자

여주고, 자신이 사는 곳에 대한 자부심과 애착심을 불러일으키는 또 다른 삶의 리듬을 제공하기 때문이다. 우리는 이 잃어버린 시간을 되찾아 그 시간을 창조 정신을 발휘하는 데, 사회적인 활동에, 내면적인 성찰에 할애하고 싶다. 지금까지 시간은 흔적도 없이 사라져버리고 남는 거라곤 익명성, 숨 돌릴 틈도 없이 앞으로만 달리는 경주, 스트레스뿐이었다. 사회적 역량을 유지하기 위해서 규모야 어찌되었든 살고 싶은 도시를 상상하고 구현하는 것이 우리 앞에 놓인 도전이다.

때는 2020년 초, 코로나 바이러스의 출현과 더불어 우리는 난데없이 현대사에서 유례를 찾아보기 힘든 공중보건 위기의 나락으로 떨어졌다.[1] 역설적이게도 전 세계에 휘몰아친 이 위협은 우리 세기가 안고 있는 중대한 사실을 일깨워주는 일종의 계시와도 같았다. 도시가 우리에게 강요한 시간의 위력을 새삼 피부로 체험하게 된 것이다. 처음으로 우리는 시민의 건강에 대해 성찰하고 행동해야 했다. 필요한 의료를 제공할 뿐 아니라 지금까지와는 다른 삶의 리듬, 다른 만남, 다른 사회성까지 제안해야 했으니까. 이 위기가 삶의 시간을 근원적으로 되돌아보는 기회를 우리에게 제공한 셈이었다. 기후 위기에 직면해 도시에서의 삶이 문제라면, 그것은 동시에 해결책이다. 우리의 삶의 방식, 생산 방식, 소비 방식 등을 재고하기 위해서는 반드시 공간과 시간의 유리에 대해 인식해야 한

---

1 Carlos Moreno, *Vie urbaine et proximités à l'heure du Covid-19*, Éditions de l'Observatoire, coll. «Et après?», 2020. 7.

다. 엄청난 시간을 소비하는 이동이란 결국 당연한 귀결이니 말이다.

코로나 위기는 지금 여기서 우리의 생활방식을 근본적으로 바꾸어야 한다고 상기시킨다. 오늘날 모든 도시와 마찬가지로 파리나 런던, 밀라노, 도쿄, 부에노스아이레스, 보고타 같은 세계도시, 그러니까 코로나 바이러스와 함께 사는 미지의 시대를 맞은 도시에서 다르게 산다는 것은 우리가 시간과 도시 공간들과 맺는 관계를 완전히 바꾸는 것을 뜻한다. 이는 우리가 왜 이동해야 하는지 묻는 것을 뜻한다. 결국 우리는 또다시 같은 질문, 질문 중에 질문이라 할 수 있는 핵심으로 돌아온다. 우리는 어떤 도시에서 살고 싶은가?

'15분 도시'라는 개념은 C40에서 팬데믹 이후의 경제 활성화를 위한 요체, 친환경적이고 인본주의적이며 공정한 도시를 표방하는 핵심 개념으로 채택되었다. 또한 실제로 밀라노, 에든버러, 몬트리올, 멜버른, 오타와 등의 도시가 앞장서서 이를 채택하고 실천 방안 마련에 힘쓰고 있다. 유엔 해비타트 – 그중에서도 특히 라틴아메리카와 카리부 제도 지부 – 같은 비중 있는 국제기구들도 이 개념을 '새로운 도시 의제 2030'의 일환으로 통합하였다. 대중에게도 널리 알려진 '15분 도시' 원칙은 오늘날 전 세계에서 팬데믹 위기 시대에 우리가 살고 싶은 도시에 관한 토론을 주도하면서 도시문제와 관련한 마중물 역할을 하고 있다. 근접 도시 개념을 지향하는 새로운 패러다임으로서 현대 도시계획 – 주거 공간과 노동, 상업, 제조업, 오락의 공간을 분리하는 경향 – 과는 반대 방향으로 뻗어나가고 있다. 파리에서 15분 도시는 '모두의 파리'라는 정책 강령으로 재선에 성공한 안 이달고 파리 시장의 기치 하에 상당히 구체적인 여러 시행안으로 제안되었고, 시장의 새 임기를 상징하는 중요한 요소가 되었다.[1] 다양한 성찰과 토론, 5대륙과 관련한 각종 프로젝트의 핵이 된 것이다. 요즘처럼 어려운 시기에 이 개념과 이를 실행에 옮기는 제안들은 우리 도시의 미래를 생각하고 행동하는 하나의 길을 제시한다.

시간? 그런 건 사라져버렸다! 끊임없이 가속 페달을 밟아가며 더 빨리, 더 멀리를 외치며, 자신을 위한 시간이라고는 전혀 없는 우리는 사실 익명성과 불안, 그리고 자주 고독 속에서 살아간다. 코비드-19라는 팬데믹과 더불어 대중 밀집 장소와 지점을 줄이되 전폭적인 자가용 차 시대로의 회귀를 피하자는 생각이 강해졌다. 근접 도시 개념은 대도시가 인간적인 차원에서 개발되어야 한다는 결론으로 이끈다. 요컨대 중앙 집중이 아닌 탈중심의 도시조직을 네트워크화함으로써 도시의 공적 공간을 분산시켜 밀집을 해소하자는 것이다. 도로는 대기를 오염시키는 자동차들의 통로로 인식되어 왔으나, 더는 역사가 그 방향으로 진행되지 않는다. 주민들은 걸으면서, 자전거 페달을 밟으면서 식물들이 자라는 거리, 가까운 상점과 언제든 개방되어 있는 학교 등을 돌아다닐 수 있어야 한다. 지상에 자리 잡은 주차장들은 테라스로, 만남의 장소로, 심지어 수

---

1 '15분 파리', 모두의 파리(Paris en Commun), 보도자료, 2020. 1. 21. https://annehidalgo2020.com/wp-content/uploads/2020/01/Dossier-de-presse-Le-Paris-du-quart-dheure.pdf

리 공방으로 바뀔 필요가 있다. 거리가구의 재활용, 주거지역과 상업지역의 혼합 등으로 우리는 다양한 근접 서비스를 제공받을 수 있어야 한다.

도시 밀집이 우리의 생활방식에 미치는 영향을 질문 받았을 때, 나는 도시를 용도, 근접성, '탈이동성(demobility)'[2]에 따라 다시금 생각하자고 제안했다. 15분 도시란 결국 다른 방식으로 살고, 소비하고, 일하고 도시에 거주하는 것을 뜻한다. 우리가 도시에서 이동하는 방식, 도시를 가로지르며 탐사하고 발견하는 방식을 다시금 생각하자는 제안이다. 이미 존재하는 시설들은 기존의 기능과 다른 기능, 다른 사용자, 요일과 시간대에 따라 다른 이용객을 맞이하게 될 것이다. 이러한 근접 생활은 우리가 우리 시간의 주인이 되는, 우리의 시간을 통제할 수 있는 기회를 제공해 줄 것이다.

근접성 속에서 사는 것은 또한 도시의 공간과 자원, 그리고 거리에서 광장에서, 근린 정원, 공원, 하천 둑, 대로, 담벽, 놀이터, 문화 공간, 야외 음악당 등에서 발산되는 각종 형태의 활력을 공유하는 것이다. 도시는 감각적으로 느낄 수 있는 장소들, 가령 일터, 여가 공간, 만남의 장소처럼 우리의 삶에서 반드시 필요한 곳들을 통해 우리 눈앞에서 구체화된다. 근거리 이동이야말로 평온한 도시 개발을 위한 새로운 접근법이다. 관건은 도시의 본질적인 사회적 기능, 즉 주거, 노동, 생활필수품 조

---

[2] 이동과 이동의 자유를 제한하는 것이 아니라, 불필요한 이동을 줄이는 것.
 - 편집자

달, 교육, 건강, 여가와 같은 여섯 가지 기능에 접근할 수 있는 반경을 줄이는 것이다.

'15분 도시'를 생각한다는 것은 도시민들이 자신의 삶의 시간을 사용하기 위해 도시가 무엇을 제공해야 하는지를 심도 있게 질문하는 것이다. 앞서 언급했듯이 포디즘, 그러니까 강력한 전문화에 기반해 분할된 공간 생활방식은 인간에게 가장 소중한 것, 즉 시간의 '도난'으로 귀결된다. 그렇기 때문에 새로운 시간도시계획이 어떻게 하면 도시 본연의 필수적 사회 기능을 충족시키면서 평온한 도시를 제공할 수 있는지, 해답을 제시하면서 앞으로의 여정을 구조화하는 축이 되어야만 한다. 이제 더는 도시를 개발하지 말고 도시에서의 삶을 개발해야 한다. 여전히 도심과 각기 다른 용도지역지구를 유지하면서 단일 기능만을 수행하는 공간을 네 가지 주요 요소 ─ 근접성, 혼합성, 밀도, 편재성 ─ 에 의해 지탱되는 다중심적인 도시로 변화시켜야 한다.

그런데 시간이라고 하면 도대체 어떤 시간을 말하는 것일까? 우리 문화의 뿌리로 삼고 있는 그리스 신화를 보자면, 크로노스는 시간을 상징하는 신이면서 동시에 운명을 관장한다. 크로노스는 필연성을 의인화한 아난케 여신과 결합한다. 두 신 사이에서 태어난 세 명의 자식 가운데 카오스는 통제 불능, 무질서, 비탄 등을 상징한다. 크로노스, 아난케, 카오스의 세 가지 특성 ─ 선형 시간, 필연성, 무질서 ─ 때문에 시간과 관련한 다른 특성들이 가려져왔다. 실제로 그리스인에게는 시간과 관련한 다른 두 가지 특성이 더 있다. 바로 카이로스(kaïros), 곧 기회를 창조해내는 시간, 행동이 결정되는 시간, 순간의 깊이가 정해지는 시간, 그리고 아이온(aiôn)으로 생명력, 내재성, 개별성, 무한으로 지속되는 삶의 시간이다. 선적인 시간, 즉 크로노스의 우세가 우리로 하여금 카이로스와 아이온이라는 두 가지 시간을 잠시 망각하게 만들었던 것이다.

도시는 우리가 다른 식으로 바라볼 수 있는 곳, 우리에게 잊고 있던 시간의 다른 두 차원을 제공하는지 주의 깊게 살펴봐야 할 곳이다. 내가 보기엔 이 점이 가장 핵심이다. 우리는 현재의 생활방식, 그러니까 실용적이며, 공간과 삶의 시간을 분할하고 분리해 우리에게 끊임없이 더 빨리 나아가도록 부추기는, 그리하여 숨 막히는 선적 시간만을 강요함으로써 우리의 모래시계를 텅 비게 만드는 생활방식을 그대로 지속할 수도 있다. 또는 다른 패러다임에 속하는 시간에 따라 살 수도 있다. 창조의 시간 카이로스를 드러내고, 우리의 행위에 다른 차원을 부여하는 내면의 숨결 아이온과 더불어 인류애를 되찾는 방식으로 살 수도 있다.

이탈로 칼비노는《보이지 않는 도시들》에서 우리를 이러한 길로 가라고 안내한다. "도시는 꿈과 마찬가지로 욕망과 두려움으로 이루어진다. 비록 그 이야기가 비밀스럽고, 규칙이 부조리하며 전망이 기만적이라고 할지라도 말이다." 도시의 리듬은 일년 중, 일주일 중 어느 때인지에 따라 달라진다.[1] 휴

---

1 Marine Garnier & Carlos Moreno, La ville du ¼ d'heure et ses concepts : chrono-urbanisme, chronotopie, topophilie, chaire ETI, IAE Paris/ Université Paris I Panthéon-Sorbonne, 2020.

가 시기는 주민들의 도시 탈출로 한가한 시간이 된다. 휴가는 이를 테면 장소로도 번진다. 본래의 역할에서 해방된 장소들이 단시간의 진화에는 적합하다. 계절도 도시의 리듬에 중요한 영향을 끼친다. 집단적인 리듬은 주중과 주말, 같은 하루라도 낮 시간과 저녁 시간대에 따라 양상이 다르다. 때문에 시간 도시계획에는 변화를 수용하고 가능성을 촉진할 수 있는 도시[1]의 이미지가 함축되어 있다. 그런데 공간과 시간의 수렴을 회복하는 것은 도시의 이미지 이상을 뜻한다. 도시가 야기하는 두려움에 맞서 싸우면서도 도시의 욕망은 부여잡고 있어야 하기 때문이다.

생활방식의 실질적인 변화를 구체화하는 데에는 두 가지가 필요한데, 바로 크로노토프와 토포필리아다. 크로노토프는 공간과 시간이 통합된 도시 담론을 가시적으로 만들고, 우리가 공동생활의 규칙을 이해하고 살고 있는 장소를 길들이도록 해준다. 또한 한정된 도시 공간을 인지하고 고밀도 공간의 용도에 질문을 제기함으로써 공간의 가능태를 찾아내는 것이 목표다. 그러니까 한 장소의 연속 리듬을 고려하면서, 가능한 여러 가지 사용성을 드러내 보이는 것이다. 그러면 우리는 다음과 같은 이득을 기대할 수 있다.

- 개인 차원에서는 새로운 용도의 공간, 새로운 활동이나 문제를 해결할 수 있는 삶의 공간이 생긴다.

---

1 Anne Durand, Covid#8 : Du virus mutant à la ville mutable : les possibles de la mutabilité, Topophile, 2020. 6. 12.

- 소유주 입장에서는 기존 시설이나 공간의 사용을 최적화할 수 있다.

시간도시계획과 마찬가지로, 크로노토프는 여러 가지 시간성이 있다. 동일한 장소가 하루의 시간대(주차장, 교실…)에 따라, 일주일의 어느 요일(시장, 학교 수업 등)에 따라, 한 해의 어느 날(대학, 강연장, 박물관, 센 강변)에 따라 제각기 다른 방식으로 사용된다.

토포필리아란 어떤 장소에 대한 우리의 기억을 끌어올려 현재에 생명을 불어넣고 미래를 밝히는 등불로 삼음으로써 그 장소들을 사랑하는 법을 배우는 것이다. 우리가 어디에서 왔는지 의식함으로써 우리가 가야할 곳을 만들어가는 데 기여할 수 있다. 새로운 도시는 그러한 토대, 즉 장소와 대상들에 대한 존중에 토대를 두어야 할 것이다. 그것이 공동자산을 돌보는 데도 필요하다. 문자 그대로 '장소에 대한 애착'인 토포필리아는 인간이 도시, 도시 환경과 맺는 관계, 그에 대한 정서적이고 주관적인 유대감과 연관된다. 특정 장소와의 정서적 관계가 발전되는 것은 사실 대단한 야심이 아닐 수 없으며, 이의 성공은 수많은 요인에 달려 있다. 적절한 용도와 시간대, 근접 외에도, 장소에 대한 애착을 발전시키기 위해 세 가지 요소를 중요하게 꼽을 수 있다.

- 장소의 전유, 사용자들을 프로젝트 시작부터 실현까지의 과정에 참여시키기

- 장소를 아름답게 돋보이게 만드는 연출이나 미화 작업 – 다양한 예술 활동, 타이포그래피, 색채 연구, 이벤트 등
- 인근에 있는 자연발생적 공간으로의 접근
- 지역 활동의 역동성과 장소에 생기를 불어넣는 주역들의 네트워킹

시간도시계획, 크로노토프, 토포필리아, 이 세 가지 개념을 수렴하는 15분 도시는 무한한 가능태의 장소에서 우리가 살 기회를 제공한다. 시간과 공간, 삶의 질, 사회적 교류가 밀접하게 연결된 품격 있는 도시 생활의 리듬을 제안하지만, 이는 즉각적인 변화가 아니라 하나의 야심이자 로드맵, 가능성으로서의 길이다. 장소들을 구체화하기 위한 여행, 그 길의 끝에 인간성을 회복하고 도시에서 따뜻한 만남이 되살아나는 여행이다. 한편으로는 주민들의 수요와 공급을 최대한 일치시키는 것이다. 사회적, 경제적, 문화적 상호작용을 전개하며 여러 기능을 혼합하고, 그와 동시에 인종, 계층이 공적으로 교류하고 만나는 공간을 확대시킨다. 디지털과 협업, 각종 공유 모델 덕분에 서비스를 최적화할 수 있는데, 새로운 공공 서비스를 최대한 활용하기 위해서 초근접성(hyper-proximity)을 네트워킹한다. 그리하여 도시 공통계를 재창조하는 것이다.

초근접성은 그 어느 때보다도 오늘날 이미 속속 부상하고 있는 새로운 경제 사회 모델의 원천이 될 것이다. 도시에서 근접성을 추구하는 삶은 지금까지 강요된 이동성과 작별하고 선택된 이동성으로 바꿔 타는 것이다. 그렇게 태어난 사회적

유대가 도시의 가장 소중한 덕목, 즉 삶이 이루어지는 세계가 되도록 지금까지와는 다른 방식으로 도시에서 사는 것이다. 현실에서 혹은 디지털 수단을 통해 다양한 기능을 제공하고 강제적 이동을 줄여가는 것 또한 15분 도시의 목적이다. 근접성이 만남을 독려하고, 각종 분리와 차별에 맞서 싸우며, 취약한 이들이 이웃의 지원 혜택을 더 받을 수 있도록 상호부조, 연대, 공유, 타인에 대한 보살핌을 키워가고자 한다.

15분 도시는 '하나의 장소, 여러 용도', 아니 모든 가능한 새로운 사용을 의미한다. 파스칼의 말을 인용하자면, '중심이 도처에 있고 둘레는 어디에도 없는 무한한 구(球)'처럼 다중심 도시이다. 무한이란 제안될 수 있는 사용 방식의 무한함이다. 다양한 형태의 기반시설이 평온하고 식물이 자라는 거리, 걷거나 자전거로 이동 가능한 거리를 되찾도록 도와줄 것이다. 그 거리 안에서 우리는 장도 보고, 집 근처에서 각종 서비스를 이용할 수도 있을 것이다. 학교를 지역의 거점으로 변모시키고, 근거리 의료 서비스를 제공받는 건강센터를 마련할 것이며, 시민들을 위한 파빌리온도 세우고, 낮 시간엔 나이트클럽을 스포츠센터로 사용하며, 스포츠 센터가 학교 수업을 지원하거나 인근 상업시설에서 물품 수선 교육도 겸비하는 식이다. 도시는 늘 시민 주도의 참여와 연대로 변모할 수 있다.

광물성 무기물질이 꽉 들어찬 도시는 비인간적인 곳이 되었다. 이제는 체계적으로 선택되어, 점묘화가들의 손놀림으로 캔버스가 채워지듯이 공간을 메꿔가는 유기물질들이 그 자리를 대신해야 한다. 식물들 속에 파묻힐 정도로 식물 밀집도를 높인 가운데, 사회적 밀도를 높이기 위해 선택된 – 식물 아닌 – 생물 유래 소재 곳곳엔 녹색 접속기를 배치한다. 그리하여야 사람들의 숨통이 트이고, 사람과 사람의 연결이 끈끈해지는 삶이 수월해진다. 건물의 실내와 지붕, 매개공간과 거리를 녹화(식물화)하면 사회적 관계를 형성하기에 좋은 환경이 된다.

근접 도시에서 기대할 수 있는 다양한 효과 가운데 특별히 두 가지를 주목할 수 있다. 우선, 주민의 혼합을 활성화함으로써 중산층의 지역 정착을 유지할 수 있으며, 사회 통합도 유지될 수 있다. 다음으로, 제일 취약한 계층에게는 소득 수준을 기준으로 하되 그들의 노력 정도를 계산하여 지급되는 가족 지향적 모둠 서비스의 혜택이 돌아갈 수 있다. 실제로 근접 도시는 네 가지 핵심 요소가 중점적으로 결합된다.

- 유기적 밀도: 도시민이 삶의 방식을 선택하는 데에 긍정적으로 작용하며, 도시를 구체적으로 구현하는 데 도움이 된다.
- 근접성: 현실에서 공유되는 도시 공간, 집단적 창의성, 유무형의 인류 문화 유산, 녹지와 습지, 수자원 등의 녹색 인프라, 백색 인프라(공공시설) 등에서 경험된다.
- 혼합성: 공존과 만남, 그리고 그것들이 함축하는 각종 활동(경제적 활동, 가령 근접성을 재제조업화, 공공 서비스의 개설 또는 유지) 및 사회 통합(시민단체 조직, 이웃 간의 네트워킹, 하이퍼-이웃, 새로운 도시성 배양, 장애 껴안기, 시

민 중재), 세대 간 접근(어린이, 고령 세대, 초고령 세대 사이의 근접성, 통학 안내, 보행 도우미), 성 평등(공공 장소 및 공공 서비스 장소의 성별 구분 폐지, 여성 친화적 보행 환경), 문화생활(지역 문화, 방문 공연, 집단 정체성과 타인을 향한 개방성, 쓰레기 치우기) 등을 조직함에 중요한 역할을 한다.

- 편재성(ubiquity): 기존의 대규모 인프라와 디지털 기술을 이용하여 전통 유산과 문화 자산의 재발견, 문화의 보급, 의료 및 교육 서비스의 장벽 철폐, 장소의 이미지화와 초근접성 개발, 이산화탄소 배출량을 줄이는 시민 참여 유도 등이 저비용으로 개발될 수 있다.

하나의 도시가 '15분 도시'가 되기 위해서는 어떻게 해야 하는가?

우리는 우리 자신이 가용 면적을 어떤 방식으로, 무엇에, 누가 어떻게 사용하는지 등을 면밀히 조사해볼 필요가 있다. 또한 사용 가능한 자원과 자원의 분배에 대해서도 잘 알아야 한다. 이사, 건강 관련 센터, 소규모 생활필수품 상점, 수공업 공방, 고급 매장, 서점, 시장, 스포츠 센터, 극장, 공연장, 문화 공간, 공원과 산책로 같이 사용 가능한 근접 서비스 자원이 있는가? 이 외에도 알아야 할 사항이 많이 있다. 도로와 광장은 어떻게 사용되고 있는가? 정원이며 분수, 더위를 피할 수 있는 녹지가 확보되어 있는가? 우리는 어떤 방식으로 일 하는가? 재택근무인가, 원거리 출퇴근인가?

나는 15분 도시 콘셉트를 고밀도 지역에서 중밀도 지역이나 저밀도 지역으로 투사해보는 연구 작업을 수행하고 있다.[1] 우리는 새로운 영토 구분의 뼈대로 '30분 영토'를 제안했다. 프랑스에서 타올랐던 노란조끼의 불길은 부분적으로 이동성에 기인한 분노였다. 이러한 지역에서도 주민들을 그들의 활동 장소와 접근시키는 논리는 타당하다고 생각한다. 물론 도시 영향권을 벗어나면 의심할 여지없이 이동성을 보장해주는 것이 자동차임은 분명하다. 하지만 자동차를 공유해 나 홀로 자동차를 최대한 줄일 수 있을 것이다. 나는 가상 공유자동차, 맞춤형 대중교통 노선, 새로운 공유 모빌리티, 각종 금융 및 세제 혜택이 주어지는 저탄소 다중사용방식 등을 구상하는 중이다. 온라인 데이터 덕분에 자원자들을 대상으로 이동 경로를 추적한다. 이를 기반으로 근접도에 따른 노선을 구축함으로써 주민들의 생활 습관에 기반한 새로운 경로를 만들어낼 수 있다. 이때에 가장 핵심은 자원의 공제주의일 것이다.

이러한 방향으로 나아가는 것은 가능하며 오히려 위기가 가속 페달이 될 수 있음을 코비드-19 팬데믹 위기가 확인시켜주었다. 우리는 도시의 리듬을 버리고 강제적으로 근접성의 시대로 진입해야 했는데, 그렇다 보니 거리가 시민들을 이어주는 주도적인 역할을 할 수 있고, 또 해야만 한다는 점이 여실히 입증되었다. 우리는 원격 근무 체제가 가능하다는 사실도

---

1 Le livre blanc, Projet Portes de Paris, ville du quart d'heure, territoire de la demi-heure, transitions urbaines et territoriales[2019](15분 도시 백서, 국토연구원, 2022.)

깨달았으며, 이제껏 의무인 양 여겼던 긴 여정, 긴 이동 시간을 다른 식으로 사용하는 데 이로운 신기술도 인식하게 되었다. 그도 그럴 것이, 우리의 막연한 생각과는 달리, 우리에겐 시간이 있었던 것이다. 삶의 질은 사용할 수 있는 삶의 시간과 직결된다. 모든 것이 멈춰 설 때조차 도시는 계속되어야 함을 우리는 위기로 인해 깨우쳤다. 탈중앙화되고, 다중심적이며 연계망으로 얽힌 15분 도시는 이러한 회복 탄력성을 그 안에 간직하고 있다.

7

대전환

―

도시화, 세계화, 그리고 영토

　에드가 모랭은 한 기고문에서 지구가 처한 진퇴양난을 거론하며 다음과 같이 쓴 적이 있다. "일어날 것 같은 것은 해체된다. 가능하지만 일어날 것 같지 않은 것은 변신한다."[1] 그는 이렇게 말하면서 우리에게 곧 변신할 것 같은 것이 무엇인지 물었다. 모든 것을 다시 생각해야 할 때, 모든 것을 처음부터 다시 시작해야 할 때, 하나의 시스템과 생활방식이 붕괴 직전에 이르렀음을 우리가 직감할 때, 에드가 모랭은 사람들이 모르는 사이에 소소하게, 눈에 띄지도 않게, 변두리에서 산발적으로 이미 일어난 새로운 시작에 대해 말한다. 또한 그가 "경제적 혹은 사회적, 정치적, 인지적, 교육적, 윤리적 재생 혹은 삶의 개혁이라는 의미에서 창조적 비등"이라고 부르는, 지역 주도 차원에서 벌어지는 수많은 시도들을 모든 대륙에서 면밀하게 찾아보라고 우리를 부추긴다. 에드가 모랭은 비전으로 가득 찬 예언자적인 한 마디도 덧붙인다. "이러한 자발적 시도들은 서로를 알지 못 한다. 그 어느 행정부도 제대로 명명하지 못 하며, 그 어느 정당도 인식하지 못 한다. 그렇지만 이것들이야말로 미래를 짊어질 양식장이다. 그러니 찾아내고 집계하고 대조하여 분류하고 개혁으로 향하는 다양한 길에서 활용하는 것이 관건이다." 그는 가장 좋은 세상이 아니라 더 나은 세상을 생각하기 위해서라면 반드시 필요한 다섯 가지 희망 원칙으로, 전혀 일어날 법 하지 않은 것의 등장, 인류에 내재된 생산-창조의 덕목, 위기가 지닌 덕목, 최고의 위기는 곧 종국적인 기회, 그리고 수천 년간 이어져 내려온 조화를 향한 인류의 염원을 차례로 열거한다.

    1993년 12월 3일, 나는 콜롬비아에서 열리는 한 회합에 초대받아 참석 중이었는데, 때마침 세계적으로 잘 알려진 메데인 카르텔의 수장 파블로 에스코바르가 은신하던 동네의 어떤 집 지붕에서 관계당국의 추적을 피하다 사살되었다. 그가 1970년부터 절대 군주로 군림해온 폭력과 야만의 제국, 살인과 마약 거래, 부패를 일삼던 그 제국은 그로써 막을 내렸다. 나는 정말이지, 언젠가 내가 메데인의 부활을 이끈 지도자들을 만나는 날이 오리라고는 꿈에도 상상하지 못했는데, 2015년 그들과 함께 '삶을 위한 도시'라는 국제적인 회합을 열게

---

1 Edgar Morin, Éloge de la métamorphose, Le Monde, 2010. 1. 9. https://www.lemonde.fr/idees/article/2010/01/09/eloge-de-la- metamorphose -par-edgar-morin_1289625_3232.html

될 줄이야! 이 모임은 이 도시가 지닌 재건과 회복탄력성, 변신 정신을 전 세계에 알리고 축하받는 자리였다. 실제로 혁신의 사례로 가장 자주 인용되는 메데인은 깊이 있는 대변신의 실천 역량을 입증함으로써 지극히 폐쇄적인 혁신 도시 클럽에 합류했다. 그로부터 1년 후엔 파리가 바통을 이어받았다.

순교자처럼 지나온 메데인의 경로를 돌이켜볼 때, 2020년, 우리는 에드가 모랭의 말에 담긴 통찰과 지혜를 다시금 인정하지 않을 수 없으며, 그가 말한 대로 변신을 믿을 수밖에 없다. '인간은 환상 없이는 살 수 없다'고 외젠 쉬는 《파리의 비밀》에서 토로했다.[2] 그의 소설은 같은 제목으로 1842년까지 일년 넘게 연재되면서 수십만 명의 독자들을 매료시켰다. 19세기 파리의 사회적 긴장을 주제로 삼아 혁명 전야 시대를 묘사한 일종의 대하소설인 《파리의 비밀》은 다른 도시들 – 마르세유, 리스본, 나폴리, 베를린, 뮌헨, 브뤼셀 등 – 을 무대로 한 《비밀》 연작을 낳는 데도 영향을 주었다. 지역에 뿌리박은 문학은 대중을 규합하는 힘을 발휘하며, 대중은 작품 차원을 뛰어넘어 작품의 배경이 되는 장소와 자신들을 동일시하는 경향을 보인다.

장소에 대한 사랑, 장소의 힘. 이것이 위기에도 불구하고 여전히 변신, 대전환이 얼마든지 가능하다고 상상하는 자들을 지탱해준다. "고발만으로는 충분하지 않다. 이제 우리에게는 발화가 필요하다"고 에드가 모랭은 언제나처럼 강조한다. "지

---

2   Eugène Sue, Les Mystères de Paris[1842-1843](파리의 비밀, 논객넷 출판사, 2018.)

구가 곧 조국이라는 인식이 형성되기를 바란다면, 탈세계화적인 방식으로 지역의 먹거리 소비, 수공업과 상업을 증진시키고, 도시 외곽의 채소 재배, 지역과 지방 공동체 등을 활성화시켜야 한다."[1] 그의 주장은 단도직입적이며 명쾌하고 명확하다. 땅을 일구고 변화를 위한 행동에 참여하고, 모든 선의를 가진 자들을 하나로 뭉치는 모든 행위와 운동에 동참하자는 것이다. 때문에 언제나 나에게 영감의 원천이 되어준다. 또한 나의 두 가지 신념, 즉 나는 세계시민으로서 어디든 적극적으로 참여하는 동시에, 파리 시민으로서 이 세계도시가 나 자신을 위해, 주민들과 다른 모든 이들을 위해 벌이는 전투에 미력이나마 보태겠다는 신념을 굳건히 해주었다.

탈세계화적인 근접 생활에 대한 에드가 모랭의 언급은 내가 '지구-조국(Terre-patrie)' 안에서 근접 도시와 도시 영토에 대한 표현으로서의 15분 도시와 30분 영토라는 개념을 제안하도록 도와주었다. 10년 전에 에드가 모랭이 던진 이 울림 가득한 주장은 오늘날에도 여전히 현안일뿐더러 긴급한 절박성을 고스란히 간직하고 있다. 나는 그의 말을 근접 생활권을 역설한 모든 선구자, 정확히 옮기면 의식 있는 자, 특히 도시와 그 영토의 변신을 위해 투쟁하는 시장, 우리의 '지구-조국'을 구성하는 모든 이들에게 바치는 오마주로도 해석한다.

'기후를 위한 시장들의 정상회담'과 더불어 기후협약의 초석이 된 파리 COP21[2]을 포함한 COP, 유엔의 17SDGs,[3] 해비

---

1 Edgard Morin & Anne-Brigitte Kern, Terre-patrie, 1996.

타트 III,[4] UCLG 회의,[5] C40 회의,[6] 메트로폴리스 총회[7]나 분과별 총회, 세계 프랑스어권 시장 연합, 에너지 시티즈,[8] 유로시티즈[9] – 몇 가지만 추렸는데도 이렇게 많다 – 처럼 시장들이 주축이 되어 조직하는 여러 비중 있고 정기적인 행사들, 미국에서도 트럼프 대통령을 상대로 단결한 시장들, 브렉시트를 앞두고 보여준 런던의 태도 등, 이 모든 회동과 약속들은 전 세계에서 시장들이 행사하는 중대한 영향력과 이들의 존재감, 이들이 상징하는 활력을 보여준다.

프랑스에서는 2017년에 도시연합체인 프랑스 위르벤[10]이 탄생했다. 프랑스 국내의 대도시와 도시들이 전개하는 생태 시스템은 도시 공동체를 탄생시킬 정도로 의미 있는 성과를 내고 있다. 사실, 프랑스 위르벤은 기존의 프랑스 대도시 시장 연합과 프랑스 도시공동체 연합이 통합된 기구로, 대도시 선출직 의원들, 대규모 공동체, 도시 권역 중심 도시 또는 주변 도시를 모두 포함한다. 광범위한 정치 성향의 97명 회원과 더불어 이 기구는 3천만 명의 프랑스 주민과 국내총생산 절반을 대표한다. 창설 당시, 2017년 대통령 선거 입후보자들에게

2   파리 기후변화협약 총회(COP21) https://www.apc-paris.com/cop-21
3   유엔 지속가능발전목표 17가지 https://www.un.org/sustainabledevelopment
4   유엔 해비타트 III https://habitat3.org
5   세계지방정부연합 https://uclg.org/fr
6   도시기후리더십그룹 회의 https://www.c40.org
7   메트로폴리스 총회 https://www.metropolis.org
8   에너지 시티즈 https://energy-cities.eu
9   유로시티즈 https://www.eurocities.eu
10 프랑스 도시연합체 위르벤(Urbaine) https://franceurbaine.org

'권역 공화국'을 각인시키면서 매우 독창적인 방식으로 '권역의 결합'과 함께 근접 생활권을 피력했다.[1] 따지고 보면, 프랑스에서 대도시의 발전은 비교적 최근 현상으로, 역동적인 도시 권역들과의 균형 회복 필요성에 역점을 둔다. 선출직 의원들은 '아라스 선언'을 통해, 지속가능하고 스마트하며 공화국의 미덕을 계승하고 존중하는 도시를 설계하기 위해서 책임감, 대화, 자율성이라는 세 가지 기본 가치가 중요하다고 목청을 높였다.[2] 그 어느 때보다도 훨씬 분명하게 도시의 위상을 알리고, 시의회 의장, 시장, 국회의원, 그리고 도시 생태 시스템이 맡게 될 중대한 역할을 천명한 셈이다.

오늘날 세계화는 우리 사회에서 벌어지는 대다수 토론의 중심에 있다. 프랑스를 비롯한 많은 나라의 기본적인 선택에서도 입장이 드러난다. 프랑스 극우파 수장 마린 르펜의 표현만 보더라도, 세계화는 '자유 무역, 불공정 경쟁, 국경 부재'의 모태이자, '대량 이민'이라는 위협의 불씨를 안고 있는 원천이다. 이 여성 정치인은 세계화에 대한 자의적인 해석을 자기 정치 강령의 발판으로 삼고 있다. 이러한 견해는 타인, 즉 다른 곳에서 온 '이방인'을 향한 개방 의무를 모두 없애 준다. 이것이 마린 르펜이 이끄는 프랑스 국민연합 정당이 추구하는 타인에 대한 소외와 거부의 철학으로, 다른 나라 다른 정당에서도 유사한 입장을 쉽게 찾아볼 수 있다. 이들의 주장은 '프랑

1 https://franceurbaine.org/fichiers/documents/franceurbaine_org/association/presentation/manifeste_mars_2017.pdf
2 이전과 동일.

스는 프랑스인에게'라는 이들의 구호에 잘 요약되어 있다. 유럽연합을 와해시키겠다는 신념에 따라 '각기 다른 조국들로 이루어진 유럽'이라는 구호를 외쳐댄다. 무슨 일이 있을 때마다 이들은 '이민자들의 밀물'을 으뜸가는 위협인 양 선동하면서 나라마다 국경 감시를 강화해야 한다는 주장을 늘어놓는다. 하지만 이는 '이민자 물결에 휩쓸릴 위험'을 외치며 '프랑스라는 집'에 대한 감정적인 반응을 이끌어내려는 기회주의적 논지에 불과하다. 이는 아무런 근거 없는 조작임을 이민통계 전체가 입증한다.[3] 실제로 이는 프랑스 역사의 특정 시기에만 적용될 수 있는 논리도 아니다.

국민연합 측은 가까운 사이건 먼 사이건, 내부에 속하건 외부에 속하건, 서로가 서로에게 등을 돌리며 겹겹의 울타리를 치는 국민국가를 부르짖는다. 다른 곳에서 이미 국경 내부로 들어온 자들을 경계하라. 적은 우리 안에 있으니, 이 적을 반드시 몰아내야 한다. 자유와 평등, 우애, 민주주의, 인종 혼합, 남녀 차별 금지, 다양성, 혼혈이여, 안녕... 공화국은 그저 허울뿐인 선거용 수사, 서로가 서로를 배척하는 이들을 양산하기 위한 위선적인 구실로 전락한다. "프랑스를 사랑하거나, 싫으면 떠나라"는 말도 자주 들리거니와 그 외에도 타자성을 부정하는 표현들은 수두룩하다...

그러나 21세기를 사는 우리의 현실은 이와는 판이하다. 세

---

3   프랑스 통계경제연구소(INSEE), 2006~2013년 프랑스 국내외로 이주 현황 분석 https://www.insee.fr/fr/statistiques/1521331

계가 도시화되었다지만, 도시의 출현은 따지고 보면 10세기도 더 전으로 거슬러 올라가는 모험이었다. 이 점에 관해서는 소르본 대학에서 중세 역사를 가르치는 티에리 뒤투르의 논문 〈세계화, 도시에서 벌어지는 모험. 중세부터 '세계화 어쩌고저쩌고'까지〉를 읽어 보라.[1] 그의 글에서는 8~9세기에 상당히 자발적인 도시화 현상이 출현하여 발전했음을 강조하고 있다. 중세 초기 이후에는 시장과 물품 생산 장소가 필요해졌고 도시화는 새로이 부상하는 이 수요를 충족시켜주는 해답이었으며, 이어서 15세기 무렵부터 라틴 유럽의 영향권 아래 놓인 유럽 외 세계의 진화에 영향을 끼쳤다고 설명한다. 사실, 그에 따르면 10세기부터 이미 세계시장이 존재했다. "그 같은 시장이 없었다면 서기 900년 무렵에 인도 향신료를 어떻게 프랑크푸르트에서 구입할 수 있었는지, 또 15세기 초에 금광이라고는 전혀 없는 베네치아 공화국이 어떻게 해마다 순금 4톤에 해당되는 금화 120만 두카트를 공화국 주조소에서 찍어냈는지 설명할 길이 없다"는 것이다.

    티에리 뒤투르는 도시들이 8~9세기 이후 언제나 변화무쌍한 방식으로 생산의 특권을 누렸던 장소였으며 현재도 그렇다는 사실을 지적한다. "매우 자주, 세계화라는 말은 이해를 돕기 위해서라기보다 입맛에 맞게 길들이거나 무찔러야 할 대상으로 그리기 위해 사람들의 입에 오르내린다."[2] 때문에 20세기에 세계도시들이 부상함으로써 그 이전까지 우리에게 알

---

1   https://www.cairn.info/revue-vingtieme-siecle-revue-d-histoire-2004-1-page-107.htm

려져 있던 지표들이 어떻게 바뀌었는지를 이해하는 일이 중요하다. 막연하게 '대대적인 교체'라는 식의 음모론을 펼치거나 그외 다른 합리화 '이론'을 제시하는 것으로는, 도시와 인간 사이에 얽혀있으면서 국민국가까지 변화시키는 관계의 복잡성이 분석되지 않는다. 유럽이 위협을 받는다면 그건 침략이나 침몰로 인한 위협이 아니다. 프랑스의 인구 균형이 위기를 맞고 있다면 그건 물밀 듯이 밀려오는 이민자들의 밀물 때문이 아니다. 진정한 주제는 도시 중심부,[3] 주도권을 거의 장악하게 된 이곳이 새로운 가치를 창출하고 매력을 유지하는 역량에 있다. 이러한 역량이 생산-소비의 혁신과 새로운 순환의 문화를 발전시켜 영토, 농촌성, 그리고 근접성을 새롭게 탄생시킬 수 있다. 우리는 반드시 자코뱅주의적이고 중앙집권적인 공화국에서 탈피하여 도시적, 대도시적이며, 유럽 안에 뿌리내린 영토 연합들의 공화국으로 이행해야 한다. 그리하여 일자리를 창출할 수 있고, '실업 제로' 영토에서 소외 반대를 위해 투쟁할 수 있다.

그렇다면, 도시와 시골, 대도시와 주변 농촌 사이에 존재하는 '나는 너를 사랑해, 난 더 이상 아니야' 식의 모순적인 관계는 어떻게 분석할 수 있을까? 이 질문은 앞으로 다가올 대전

---

2 앞과 동일.
3 인구의 95퍼센트는 도시의 영향을 받는 곳에 산다. 몇몇 오지를 제외하면 '도시적인'(때로는 도심에서 멀리 떨어져 있음) 생활 방식은 지배적이다. 사회관측센터, 2019. 3. http://www.observationsociete.fr/population/donneesgenerales population/la-part-de-la-population-vivant-en-ville-plafonne.html

의 쟁점이다. 농업의 산업화, 시골 인구의 도시화라는 이중의 압박으로 시골에서의 삶 자체가 극심한 변화를 겪고 있는 이때, 어떤 방식으로 도시와 시골의 관계를 변화시킬 것인가? 대대적으로 농약이 살포되고, 물과 대기는 오염되었으며, 기계화로 생산성은 최고 수준으로 향상된 데다, 전체 온실가스 배출량 가운데 농업으로 인한 몫이 16.4퍼센트에 이른다.[1] 삶의 질, 공중위생, 수자원, 환경, 풍경, 생물다양성을 어떻게 보존하며 농촌을 개발할 것인가?

여기에는 시골 인구의 감소, 농장 수효의 감소, 경작 집중도에 대처하는 것이 관건이다. 아울러 점점 확산되는 토지 수탈(land grabbing) – 다른 나라의 농업 생산물을 수입하기 위해 그 나라의 땅을 사들이는[2] – 현상을 막고, 농업 자원이 자연과 토양, 수자원을 존중하는 먹이 사슬 관계로 정착되어야 할 것이다. 점점 더 농촌 인구는 서민 계층의 비율이 높아지는 경향을 보인다. 때문에 국토 개발 및 경관 정책에는 농촌 지역을 둘러싸고 있는 도시들과의 연계성을 고려해 농촌에서의 삶이 반영되어야 한다. 이러한 문제의식이 대두될 경우 분명히 우리는 농촌 공간 개발 모델이며 그 공간이 도시에서의 삶과 맺

---

[1] 주요 기후 통계(2017). 자료통계국(SDES), 2020.
https://www.statistiques.developpement-durable.gouv.fr/chiffres-cles-du-climat-france-europe-et-monde-edition-2020-0

[2] 프랑스에서는 중국의 억만장자들이 포도밭과 농토를 점점 더 많이 사들이고 있다(예컨대 베리 지방 한가운데 1천7백 헥타르). 사업 다각화를 추진하는 대기업인 중국 리워드 그룹은 3천 헥타르를 매입했고, 프랑스의 한 영농조합은 이 그룹이 중국에서 경영하는 베이커리 체인에 밀가루를 공급하고 있다.

는 관계, 또 추후 채택될 개발의 주요 축 등에 대해서도 고민하게 될 것이다. 21세기 프랑스에서 도시와 시골, 대도시와 주변 농촌 지역, 보다 광범위하게는 대도시와 광역 지역 사이에 지금까지 형성된 관계를 이해하기 위해서는 그것들이 역사적으로 진화해온 양상을 성찰해보아야 한다. 지금 그 같은 역사적 진화는 대전환의 한가운데 놓여 있다. 그것이 핵심이다. 우리의 도시와 시골이 빚어내는 대조 ― 아담한 마을, 교회당과 종탑, 목가적인 전원 생활 등이 우리가 품고 있는 전형적인 시골의 이미지다 ― 는 사랑하니까 괴롭힌다는 식의 얄궂은 사랑과 마찬가지로 이제껏 내려진 중대한 국토개발계획의 역사에 비추어 이해되어야 한다. 그 같은 결정들은 반드시 뚜렷한 흔적을 남기기 때문이다.

'PLM'[3]은 오래도록 프랑스인의 상상 속에 3대 도시, 파리, 리옹, 마르세유가 어떤 힘의 상징이었는지 명백하게 보여준다. 이 힘의 구조화와 비약적인 발전 과정은 총 길이 863킬로미터에 이르는 '황제노선' ― 이런 이름이 붙은 건 나폴레옹 3세가 특별한 애착을 보였기 때문이다 ― 즉 파리에서 출발하여 일드프랑스, 부르고뉴, 프랑쉬-콩테, 오베르뉴, 론-알프, 프로방스-알프-코트다쥐르 지방을 가로지르면서 리옹과 마르세유는 물론 지중해까지 하나로 연결하는 철도의 개설과 떼려야 뗄 수 없는 긴밀한 관계를 맺고 있다.

---

3   파리(Paris), 리옹(Lyon), 지중해(Méditerranée)를 잇는 철도 노선으로 첫 머리글자를 따서 흔히 PLM이라 지칭한다. 이 노선을 운영하는 민영 철도 회사가 1875년에 창립되었는데 1938년에 국영화되었다. 현재의 프랑스 국립철도공사(SNCF). - 편집자

또한 '르그랑의 별'을 떠올리지 않고는, 파리가 지나치게 확장되는 경향과 그것이 일부 농촌 지역에 끼치는 영향을 이해할 수 없기는 매한가지다. 1842년, 당시 토목과 책임자였던 바티스트 르그랑의 제안은 철도의 '국유철도망' 구축 사업으로 이어졌고, 같은 해 6월 11일 관련법이 제정됨으로써 향후 전국을 연결하는 철도망의 초안이 되었다. 파리를 중심점으로 삼는 – 때문에 '별'이라고 명명되었다 – 이 계획은 다양한 지역을 수도와 연결하는 데 역점을 둔다. 그 후 파리와 지방 사이를 줄기차게 연결함으로써 프랑스의 3대 경제지역, 즉 파리, 리옹, 마르세유를 교두보로 한 지역 발전을 이룬다. 이 같은 움직임이 프랑스의 중앙집권적 자코뱅주의의 영향 하에서 이루어진 것은 사실이다. 한편으로는 당시에도 이미 치열했던 국제적 경쟁 또한 크게 한몫했다고 보아야 한다. 그도 그럴 것이 그 무렵 프랑스가 운영 중인 철도는 총연장 길이가 고작 319킬로미터에 불과했다. 철도 건설과 인허가 면에서 미국은 말할 것도 없거니와 인접한 영국과 독일, 벨기에 등에 비해서도 뚜렷하게 뒤떨어진 상태였다.

프랑스는 스물둘이나 되는 대도시를 거느린 도시화된 나라임에도, 역설적으로 역사 속에 깊이 뿌리를 내리고 있는 실체는 엄연히 최소 행정 단위인 코뮌(commune)이다. 교회당의 종탑 이미지와 더불어 아담하고 소박한 시골 마을로서의 코뮌이 프랑스인의 기억에 각인되어 있다고 해서, 프랑스 국토를 촘촘하게 잇는 네트워크가 구체제의 유물이라는 사실까지 기억에 존재하는 건 아니다. 당시 코뮌은 가톨릭 교구에서 출발하여 6만 개에 이르렀다. 행정 단위, 과세 단위로서의 구실까지 충실하게 이행했던 교구란, 국토를 분할한 최소 단위였다. 교구 덕분에 프랑스의 왕들은 '십만 종탑을 가진 왕국'에 군림하면서 지역과 직접적인 관계, 그러니까 코뮌을 통해 지역 영주들의 세력을 건너뛰고 통치할 수 있었다.

코뮌은 대혁명 시기에 미라보의 제안에 따라 '교구 하나 당 코뮌 하나'라는 원칙에 입각해 태어났다. 동시에 여러 코뮌들을 묶은 읍, 군, 도 같은 단위[1]도 생겨났다. 1792년, 교구-코뮌의 연합체는 그 수가 4만 1천 개로 재편성되었는데, 이는 오늘날 코뮌의 수에 상당히 근접한 숫자이다. 다시 말해서, 코뮌과 도의 90퍼센트가 대체로 프랑스 대혁명 시절에 정해진 경계를 그대로 유지하고 있다. 나폴레옹 3세가 주도한 변화 이후 코뮌의 구조는 오늘날까지 거의 이렇다 할 차이를 보이지 않는다. 반면, 같은 시기에 파리는 경계가 수정되고 확대된 몇 안 되는 도시 가운데 하나로, 두 배로 늘어난 면적을 20개의 구로 나누기에 이르렀다. 바로 이 시기에 등장하는 인물이 오스만 남작이다. 그에 의해서 프랑스의 수도와 앞서 언급한 황제노선 변신의 대역사가 시작되었다.

1884년에는 정치적으로 매우 중요한 변화와 함께 관련법이 제정되었다. 시의회가 보통선거로 선출된 의원들로 구성된 것이다. 그리고 이 의원들 가운데에서 시장이 임명하는 의장이 이끄는 위원회를 두도록 되었다. 코뮌은 크기가 작든, 중간

---

[1] 한국의 읍/동에 해당하는 캉통(canton), 군/구에 해당하는 아롱디스망(arrondissement), 도/시에 해당하는 데파르트망(départment) - 편집자

이든, 크든, 위치가 시골이든, 도시든 간에 동일한 방식으로 구성되었다. 그리고 공화국에서의 삶을 영위해나가는 중심 요소 – 자유-평등-우애를 나라의 신조로 삼는 가운데 기초단체장(시장), 기초단체의회(시의회), 학교가 기본틀이 된다 – 로 프랑스 정치체제 속에 당당하게 자리매김했다. 하지만 막강한 세력인 55만 명의 시의원들이 지역별로 균등하게 분배되지 않았다는 문제가 있었다. 인구밀도가 낮은 시골의 중소 코뮌의 의원수가 인구가 밀집한 대도시에 비해 상대적으로 많다는 뜻이다.

통계상 프랑스 본토는 28,588개[1]의 농촌 코뮌에 14,534,637명의 주민(전체 주민 수의 22.7퍼센트, 전체 코뮌 수의 80퍼센트)[2]이 거주한다. 이를 3천 개의 소도시(주민 3천 명에서 2만 명 사이)와 4백 개의 중규모 도시(주민 2만 명에서 10만 명 사이), 또한 주민 10만 명이 넘는 도시들과 비교해보아야 한다.[3] 프랑스는 코뮌이 34,970개[4]로 코뮌 수에서 통일 독일보다 훨씬 앞선다.[5] 2020년 1월 1일 기준, 독일의 코뮌 수는 10,975개인데 비해 인구는 프랑스보다 3분의 1 가량이 더 많다. 같은 시기에 이탈리아는 프랑스와 비슷한 수준의 인구가 7,904개 코뮌에 분포하고 있다.[6]

1   도시 단위로 구획화했을 때.
2   프랑스 통계경제연구소(INSEE), 2014년 인구 조사.
3   코뮌 인구의 변화, Maire Info. 2018. 1. https://www.maire-info.com/demographie/exclusif-la-carte-de-l'evolution-demographique-commune-par-commune-article-21449
4   프랑스 통계경제연구소(INSEE), 프랑스 도시와 코뮌, 2019. 1. 1. https://www.insee.fr/fr/statistiques/4277602?sommaire=4318291

프랑스에서 도시와 시골의 관계를 파악하기 위해서는 또 하나의 다른 특성, 즉 사회경제적 특성을 이해해야 한다. 산업혁명과 양차 세계대전, 석유 파동, 1970년대 고속도로 건설 계획 이후, 대대적으로 간선 도로망이 확충되었고 20세기 말엔 서비스업이 급성장했다. 도시가 막대한 인구를 끌어들이는 사이 사람들이 떠나간 농촌은 활기를 잃고 쇠락의 길로 접어들었다. 특히 규모가 작은 코뮌일수록 큰 타격을 받았다. 이때 막강한 인구 유입책인 도시 거점들이 등장했고, 그 덕분에 프랑스의 대도시들이 숙쑥 자라났다. 그들이 오늘날의 거대도시가 되었다. 현재 프랑스 전체 인구의 80퍼센트를 빨아들인 몇몇 대도시들의 면적 비율을 보자면, 전체 국토의 20퍼센트에 불과하다.

시골 지역은 어떻게 되었을까? 그런데 우리가 시골이라는 사회 영토를 언급할 때는 어떤 시골인지 명확하게 정의해두는 일이 중요하다. 농업 활동에 종사하는 이들이 노동 가능인구의 6퍼센트에도 못 미친다는 점을 감안하면 농촌을 농업 활동이 있는 공간과 동일시 할 수는 없다. 국립통계경제연구소에 따르면, 농업(농가공 식품업 포함)은 2019년 국내총생산의 5.9퍼센트를 차지했지만 약 40년 전인 1980년에는 8퍼센트였다. 프랑스의 경우, 농업 활동에 할애된 면적은 지난 50년 동안 20퍼센트가 감소했고, 오늘날엔 전체 국토 면적의 53.2

---

5 https://de.wikipedia.org/wiki/Gemeinde_(Deutschland)
6 https://it.wikipedia.org/wiki/Comune_(Italia)

퍼센트를 차지한다.[1] 도시, 주거, 사회시설 등으로 전환된 농지 면적이 250만 헥타르에 이른다. 농업부가 실시한 테루티-뤼카 조사에는, 2006년부터 2010년까지 매년 평균 7만 8천 헥타르가 도시화되었다.[2] 이 나라의 101개 도 가운데 한 개 도의 농업 면적이 4년 만에 사라진 것에 해당된다. 농장의 수는 4분의 1로 줄었으나, 평균 크기는 거의 4배로 증가했다. 농지 면적의 감소는 프랑스에만 국한된 것도 아니며 이미 수십 년째 계속되는 현상이다. 뿐만 아니라 전체 노동 가능인구에서 농업 종사자의 비율은 10분의 1로 줄어들었다. 결과적으로 2013년 현재 유엔 식량농업기구에 따르면 농업 종사자는 2퍼센트에도 못 미친다.[3] 2018년, 프랑스 농업공제조합은 10년 사이에 농장주의 수가 514,000명에서 448,500명으로 줄었다고 발표했다.[4] 이는 프랑스에서 해마다 1.5에서 2퍼센트씩 사라지고 있음을 뜻한다.

미래엔 농촌성 또는 농촌다움이 새로운 생산, 소비, 유통 방식을 구축할 수 있게 해주는 희망이 될 것이다. 도시 대 시골이라는 대립 관계에서 벗어나는 것은, 도시에서의 삶과 시골에서의 삶 사이에 지금까지와는 다른 이타적 관계 – 이 관계는 환경과 건강에 해를 끼치는 일도 불사하가며 수익성만을 추구하는 경제사회에서 어렵사리 명맥을 이어가고 있다 – 를 구축한

---

1   https://www.insee.fr/fr/statistiques/3579442
2   https://www.data.gouv.fr/fr/datasets/agreste-teruti-lucas-utilisation-du-territoire-1
3   유엔 식량농업기구(FAO) https://www.fao.org/home/en
4   프랑스 농업공제조합(MSA). https://www.msa.fr/lfy

다는 뜻이기도 하다. 농촌성은 자원 활용을 최적화함으로써 순환경제의 또 다른 모델을 개발하고 정착시킬 수 있는 기회이다.[5] 이는 또한 땅을 일구는 일뿐만 아니라 마음을 가꾸고 자연과 타인에 대한 존중심을 기른다는, 이를 테면 모든 의미에서의 경작이기도 하다.

유명한 생물학자 에드워드 O. 윌슨이 《지구의 절반》에서 제안한 것처럼, 우리는 인간이 아닌 대지를 다시금 야생 상태로 돌려놓아야 한다.[6] 그로써 자연을 길잡이 삼아 이타주의와 공감이 들어설 자리가 마련될 것이다. 농촌성과 맺게 될 새로운 관계에 힘입어 우리는 도시의 땅도 재생시켜야 하며, 윌리엄 린이 말했듯이 "우리가 인간(그리고 땅)의 기본적인 요구를 충족시키려면, 도시를 지속가능하고 살기에 쾌적한 곳으로 바꿔야 한다."[7] 이런 연유에서 구상된 도시 생물다양성 지수[8]는 무척 흥미롭다. 이 지수는 2010년 나고야 회의와 밀라노 협약 – 2015년 시장정상회담 끝에 체결된 협약 – 에서 채택되었다. 현재 밀라노 협약에 가입돼 있는 전 세계의 2백여 개 도시는 농지를 보호하고 지역 순환을 촉진하며 낭비없이 지

5 프랑스 국토통합청(ANCT)의 연구를 보시오. Quel équilibre entre les territoires urbains et ruraux ?, 2018. 8. https://cget.gouv.fr/ressources/publications/quel-equilibre-entre-les-territoires-urbains-et-ruraux
6 Edward O. Wilson, Half-Earth: Our Planet's Fight for Life[2016](지구의 절반 - 생명의 터전을 지키기 위한 제안, 사이언스북스, 2016)
7 William Lynn, Biophilic Cities, 2013. 10. https://www.williamlynn.net/biophilic-cities/ ; Biophilic Cities Project, Connecting cities and nature, https://www.biophiliccities.org/
8 도시 생물다양성 지수(CBI). https://www.cbd.int/doc/meetings/city/subws-2014-01/other/subws-2014-01-singapore-index-manual-en.pdf

속 가능한 식생활을 독려하고 있다.[1] 밀라노 협약의 마지막 회합은 2019년 10월 몽펠리에에서 개최되었으며,[2] 유엔의 17가지 지속가능발전목표를 토대로 협약을 재작성했다. 개정된 협약은 '몽펠리에 선언'[3]이라고 불리며 '도시 식량정책 수립을 위한 실행계획'의 로드맵으로 자리 잡았다. 이제부터는 가치를 창조하고, 매력적인 흡인력을 발휘하며 혁신 문화를 발전시킬 수 있는 공동 역량을 한 데 모아 소비-생산의 새로운 순환을 작동시켜야 각 영토와 농촌성, 근접성을 회복할 수 있을 것이다. 그것이 진정 우리가 해야 할 일이다. 프랑스의 미래를 위해서는 권역 연합으로의 전환이 필요하다. 농촌성과 자원을 고갈시키는 지나친 거대도시화 대신 지역 영토에 물을 주고 새로운 유형의 경제-에너지-토지 사용-서비스 모델을 창조할 수 있는 다중심적 개발로 접근해 나가자.

빅데이터며 인공지능 같은 새로운 첨단 기술 덕분에 몇 년 안에 등장할 지역 및 영토 보상 시스템이 선한 실천을 촉진할 것이다. 순환경제를 장려하는 지역 화폐와 마찬가지로, 이산화탄소 배출량 감소에 따른 인센티브를 지역 화폐로 나누어 주는 마이크로 계약, 마이크로 서비스가 새로운 실천을 독려

---

1 밀라노 도시 먹거리 정책 협약(MUFPP) 전문. https://www.milanurbanfoodpolicypact.org/the-milan-pact/
2 프랑스에서는 파리, 마르세유, 리옹, 보르도, 몽펠리에, 그르노블, 낭트시와 지롱드 지방의회가 응답했다.
3 몽펠리에 2019, 밀라노 도시 먹거리 정책 협약. http://www.milanurbanfoodpolicypact.org/wp-content/uploads/2019/11/2019.10.10-D%C3%A9claration-de-Montpellier-FR.pdf

할 수 있다. 이에 따라 초고속 인터넷 접속이 상시적으로 필요하며 '공동자산'으로 간주되어야 한다. 이것이 새로운 변화의 핵심이 될 것이다. 또한 중규모 도시들과 연계되는 도시체계 위에 새로운 농촌성을 구축하는 것이 거대도시 위주의 프랑스에 이로울 것이다. 새로운 농촌성과 거대도시들은 경쟁하는 관계가 아니라 상호 보완하는 관계를 맺어야 할 것이다.

권역별 도시체계[4]는 지역 근접성에 대한 비전을 바꿔놓을 국토 개발의 공학적 접근 방식이다. 프랑스의 도전은 지역에 필요한 기본 사회적 기능 – 주거, 일, 생활필수품 구입, 돌봄, 교육, 자아실현 등 – 을 '30분 영토' 안에 재배치하는 것이다. 그로써 보다 평온한 생활방식에 도달할 수 있을 것이다. 이러한 비전의 중심엔 지역적 삶의 순환성과 '사회적 삶의 질'이 라이트모티프로 자리 잡고 있다. 그리고 거버넌스의 문제가 다양한 가능태의 또 다른 핵심 요소가 될 것이다. 현재의 중앙집권화는 광범위한 지방 분산화로 대체되어야만 영토가 호의적이고 평온해질 것이다. 새로운 의사결정 공간을 구축하는 정치 분권화는 매우 중요한 화두가 된다. 이것이 실현 가능한 여정이며, 지금 당장 첫 걸음을 내딛어야 한다.

---

4   Rapport Hautreux-Lecour-Rochefort, Le niveau supérieur de l'armature urbaine française, 1963, Commissariat au Plan.

8

유비쿼터스 도시를 향하여

21세기의 기술
여기저기 연결된 도시

도시에서 기술을 논하려면, 우선 나의 행동 양식과 과학적 사고에 영향을 준 위대한 두 인물을 언급하며 시작해야 한다. 바로 1854년 스코틀랜드에서 출생하여 1932년 프랑스 몽펠리에에서 사망한 패트릭 게데스, 1830년 벨기에에서 태어나 같은 곳에서 1905년 사망한 엘리제 르클뤼[1]다. 오늘날 우리에게 적지않게 익숙한 용어늘, 예를 들어 기술 분야의 구기술,[2] 신기술,[3] 생명기술,[4] 지질기술,[5] 생각하는 기계 같은 용어라거나, 도시계획 분야의 도시연담화,[6] 거대도시 같은 용어들, 사회학 분야의 기술비극 같은 용어들은 패트릭 게데스의 수많은 저작에서 나온 것이다. 무엇보다도 그는 도시와 지역생태학(생물지역주의, 생태계, 공생, 생명지도, 교육정원)[7]의 선구자였다. 세상에 널리 알려진 '세계적으로 생각하고, 지역적으로 행동하라(Think globally, Act locally)'는 구호 또한 그에게서 비롯되었다.

패트릭 게데스가 생각하는 도시계획은 사회 정의와 밀접하게 연결되며, 도시를 가꾸고 개선하며 주변 환경을 관리하는 일에 주민들의 적극적인 참여 유도를 주안점으로 둔다. 그는 또한 '데모폴리스(demopolis)'라는 용어를 개념화했는데, 사용 가능한 자원을 잘 알고 스스로 관리해 가치를 창조하며, 나아가 행정을 통해 물질적으로 더 나은 혜택을 제공하는 것은 물론 윤리 의식과 영성까지 겸비하여 자치가 가능한 도시를 가리킨다. 이는 '티라노폴리스(tyranopolis)'와는 대조되는 개념이다.

게데스의 다학제 접근 방법은 끝없는 호기심과 체험적 실천을 하나로 통합시킴으로써 빛을 발한다. 요컨대 '손, 마음, 머리', 이 세 가지가 그의 라이트모티프였던 셈이다. 그의 작업은

---

1 Béatrice Giblin, Élisée Reclus : un géographe d'exception, Hérodote, no. 117, 2005. https://www.cairn.info/revue-herodote-2005-2-page-11.htm
2 구기술(paleotechnique)은 자연 자원과 인적 자원이 광적으로 광적으로 소모되는 상황, 공장과 사무실, 빈민가로 가득한 거대도시에서 인간의 삶은 결코 나아지지 않는다.
3 신기술(neotechnique)로 인해 무공해 에너지, 유용성과 아름다움의 조화, 도시의 풍경은 자연과 결부된다.
4 생명기술(biotechnique)은 생명력과 활력을 진작시키고 더 나은 존재가 되도록 촉진한다.
5 지질기술(geotechnique)은 인간이 지구에 정착해 살 수 있는 법을 가르쳐 주었다.
6 도시연담화(都市連擔化, con-urbanization)는 인접해 있는 도시들이 성장함에 따라 기능적으로나 공간적으로 결합되는 도시 현상. 대도시 주변의 위성 도시들이 광역 교통수단에 의해 연결되어 하나의 생활권을 형성하고 시가지의 풍경 또한 하나처럼 보이게 된다. - 편집자

제자였던 루이스 멈퍼드가 계속 이어나갔다. 멈퍼드는 게데스에 대해 "학문적인 지식과 사고의 보편성을 획득한 학자였으며, 생태주의라는 생물학의 가지가 독립적인 연구 분야로 지위를 획득하기 이전부터 이미 생태주의자"였다고 회상하면서 "가장 중요한 업적은 도시계획의 혁신가로서라기보다 생태주의자, 역사적 연관성, 생물학적, 사회학적 관계에 대한 인내심 많은 연구자이자 발명가로서 남긴 것"이라고 평했다.[8] 소신 있는 평화주의자였던 패트릭 게데스는 생애 마지막 무렵을 인도에서 보냈는데, 봄베이 대학에서 사회학과 문명 담당 교수직을 역임하는 동시에 비스바-바라티 국제대학[9] – 최초의 비유럽 출신 노벨문학상 수상자 라빈드라나트 타고르가 인류 전체를 위해 세운 대학 – 에서도 활동했다.

엘리제 르클뤼로 말하면, 그는 '훔볼트학파'[10] 세계시민이었다. 석학인 데다 여러 언어를 자유자재로 구사하고, 현장을 발로 뛰는 참여 사상가이자 페미니스트였으며, 1871년엔 코뮌에 참여했고 불의에는 언제나 반기를 들었다. 또한 글쓰기

---

7   우리는 나뭇잎으로 살아간다. 언제나 자연을 거스르는 법 없이 '생명의 그물(the web of life)'과 조화로운 삶을 이룬다.
8   루이스 멈퍼드가 1950년 〈건축리뷰(Architectural Review)〉에 쓴 '패트릭 게데스에 대한 에세이'를 라마찬드라 구하가 요약 발췌하여 루이스 멈퍼드를 소개한 글 '부이스 멈포드, 잊혀진 미국의 환경운동가'에서. Ramachandra Guha, Lewis Mumford, un écologiste américain oublié, traduit par Frédéric Brun, revue Agone, no 45, no. 45, 2011.
9   https://en.wikipedia.org/wiki/Visva-Bharati_University
10 Alexander Von Humboldt(1769-1859). 독일의 탐험가로 세계시민, 프랑스 한림원 회원, 인본주의자, 현대 지리학의 창시자이자 생태학의 선구자. 그 역시 내가 존경하는 인물로 나의 지적 여정에 큰 영향을 주었다.

에 열정적이었는데, 저서 《대지》에 이어 위풍당당한 대작 《신지리학》, 《인간과 대지》를 차례로 발표하면서, 인간의 삶과 역사, 인간과 자연이 맺는 관계 등에 뿌리를 내리는 현대 지리학의 토대를 마련했다. 우리의 자원 현실에 대해 편향된 생각을 고착시키는 지도 안의 지리학이란 그에게 의미가 없었다.

생태학에서도 역시 선구자였던 엘리제 르클뤼는 '자연에 대한 느낌', 공간과 풍경과 맺는 관계를 고려하는 접근법을 주장한다. 현장에 강한 그는 생태계, 다시 말해서 공간, 자연, 인간, 그리고 자원에 관한 깊이 있는 분석을 제안한다. 미학과 사물의 아름다움에 대한 뛰어난 감수성을 반영하는 그의 글들은 인간을 위해, 인간의 투쟁과 탐구를 위해 봉사하는 지리학을 보여주는 거대한 프레스코화라고 할 수 있다. 지도를 사랑하지 않는 이 지리학자는 새로운 유형, 즉 평면이 아닌 '구형'의 지도를 남겼다. 학문을 사랑했고, 무엇보다도 먼저 정의와 자유를 신봉한 너그러운 교육자였다. 무정부주의자로서의 신념 때문에 제도권 밖의 게릴라로 활동하던 그를 위해 브뤼셀의 신자유대학이 창설되었을 정도다! 그의 첫 강의에는 천 명이 넘는 사람들이 몰렸다.

엘리제 르클뤼는 패트릭 게데스와 아주 가깝게 지냈는데, 두 사람은 보편적인 참여 사상가이자 교육자, 다수 학문 전공자로서 지리학, 사회학, 도시계획 및 환경 등에서 지역적인 것

---

1 Dispositifs d'alertes : Sinovia met au point une AlertBox », L'Usine nouvelle, Usine Nouvelle, 2008. 11. https://www.usinenouvelle.com/article/dispositifs-d-alerts-sinovia-met-au-point-une-alertbox.N26947

과 세계적인 것을 연결시키기 위해 심혈을 기울였다. 그들이 남긴 거대한 학문적 유산은 오늘날 재발견되고 있으며, 나에게도 마르지 않는 영감의 원천이다.

나는 수학과 정보학, 인공시스템, 로봇공학 등을 다루는 분야의 출신으로 민속방법론과 복잡성 연구에 열정을 갖고 있다. 다양한 분야의 영향을 받아 회복탄력성과 위기 – 자연으로 인한 위기가 되었든 기술 결함에 따른 위험이든 – 에 처한 도시들의 문제를 다루면서 도시문제 전반에 관심을 갖기 시작했다. 도시들은 우발적인 위협에 노출될 수밖에 없으며, 따라서 위기 상황을 미리 예측하고 대비해야 하는 특수성을 띤다. 주민들에게 경고 메시지를 보내는 알레르트박스(Alert Box)[1] – 2010년대에 수차례 상을 받았으며, 플러그앤뷰[2]에 접속 가능한 프랑스 최초의 디지털 플랫폼으로 도시시설 관리 분야에서는 최초 – 를 발명하면서 나는 사용자들을 기기 사용으로 이끄는 일이 얼마나 중요한지 일찌감치 깨달았다. 아무리 대학 수준의 높은 연구 성과와 2005년에 획득한 특허권이 확실하게 보여주는 과학적 진일보를 성취하였더라도,[3] 전문가 집단 속에서만 통하는 기술 개발만으로는 충분하지 않다는 깨달음이 한 마디로 나에게는 결정적이었다. '많은 사용자

---

2 Supervision : Sinovia présente Plug & View 4.0, Info Protection, 2008. 4. https://www.infoprotection.fr/supervision-sinovia-presente-plug-view-4-0

3 Open System for Integrating and Managing Computer-Based Components Representing a Specific Functionality of a Specific Application, International Filing, 2005. 7. 26. https://patentscope.wipo.int/search/en/detail.jsf?docId=WO2007012707

들이 간단한 방식으로, 그 기술을 공유하며 상호작용하기' 위해서는 요구 사항을 명확하게 충족시키고 사회적 수용성까지 공고하게 얻을 수 있는 용도를 디자인하는 것이 핵심인 것이다.

도시의 세기란 동시에 유비쿼터스의 세기다. 도시라는 세계, 부의 생산 주체로서의 도시는 이제 엄청난 양의 데이터를 실시간으로 생산하고 소비하는 세계로 바뀌었다. 하지만 기술적으로 얼마든지 가능한 초연결성은 인간을 사회적으로 단절된 좀비나 긱스로 전락시킬 수 있다. 따라서 초근접성이라는 개념을 내세우는 이면엔 원대한 도전이 도사리고 있다. 동네에서 사회적 관계를 회복하거나 새로 조직함으로써 사람 사는 냄새가 나는 도시, 그러니까 기술을 사회적 관계의 재창조 도구로 사용하는 도시에 살자는 것이다.

내 머릿속에서는 항상 기술혁명이 디지털 혁명보다 훨씬 광범위한 것이라는 생각이 확고했다. 기술혁명의 목표는 에너지와 관련이 있을 수도 있다. 쓰레기 처리 문제에서는 순환경제와 밀접하게 연결되어 있을 수도, 건강 문제에서는 생명기술과 불가분의 관계를 맺고 있을 수도 있다. 심지어 미래에는, 신소재 개발 분야에서 나노기술이 그랬듯이, 과거와의 결별에 일조할 수도 있으니 말이다.

디지털 기술의 발전이 가져온 사물인터넷, 폭증한 데이터 생산량 등이 도시의 편재성을 향상시켰고 그로써 도시 경제도 괄목할 만한 수준으로 변화했다. 내가 보기에 중요한 것은 사물이나 데이터 자체가 아니라, 디지털 기술이 탄생시킨 사회적 사물, 즉 전 세계 차원의 디지털 인간 문화와 '사회적 데이터'이며 도시 공통계를 구성하는 또 다른 성분이라는 점이다.

21세기의 사물들은 기술, 사회, 노하우와의 연결, 이렇게 세 가지 양상의 통합체라고 할 수 있다. 물리적 세계, 사회적 세계, 디지털 세계가 뒤섞인 세계는 우리에게 새롭고도 강력한 일상의 능력을 선사한다. 도시에서의 삶을 변화시킬 굉장한 잠재력도 품고 있다. 물리적 세계에서 사회적으로 사용되는 디지털 수단은 물리적 세계를 송두리째 변화시킬 수 있기 때문이다.

우리는 오픈 데이터, 디지털 지도, 위치 추적, 새로운 서비스의 공동 구축 등이 한 곳으로 수렴되는 현상을 목격하고 있다. 흥미로운 것은 데이터가 공개될 뿐만 아니라 데이터 자체가 정보의 원천이 된다는 점이다. 데이터는 에너지를 필요로 하며 새로운 서비스를 출현시킨다. 가령, 맞춤형 교통수단, 공유 자동차, 다양한 모빌리티, 분산 에너지, 문화유산 등의 가치 제고, 쾌적한 도시 공공공간, 개별화된 공중보건, 고령 인구의 삶의 질 향상, 온라인 대중 교육, 문화 예술 여가를 위해 개방된 공간, 열린 거버넌스 체제 하에서 실행되는 참여 민주주의, 협업 가능한 정보 시스템 등. 이는 도시를 살아있는 도시로 만들어 주는 몇 개의 사례에 불과하다.

기술 중심의 시각에 찬성이냐 반대냐 하는 것은 내가 보기에 지나치게 환원적이다. 파르마콘처럼 치료제이면서 동시에 독약이 될 수 있는 기술은, 이 기회에 고인이 된 프랑스 출신 기술철학자 베르나르 스티글레르에 경의를 표하건대, 인간을 위해 사용되어야 한다. 도시의 거버넌스는 시민들에게 돌아가야 한다. 코비드-19 팬데믹 위기가 우리 모두에게 스스로 거듭날 것을 요구하는 이 시점에서, 나는 디지털 기반의 거버넌스를 갖춘 도시가 새로운 경제 개발 모델은 물론 그 이상의 것들을 제안하리라고 확신한다.

'시민 기술',[1] 그러니까 기술적 도구를 토대로 행사하는 시민권이 오늘날 화두인데, 기술이 사회적 관계를 다시금 이어주고 서로의 소통하게 도와 새로운 민주주의 모델을 만들어 내도록 돕기 때문이다. 민주주의는 위기를 맞고 있다. 그리고 민주주의는 대리인에 의한 선택적 대표성이 되어 버렸다. 대표를 뽑기 위해 선거를 하지만, 대표로 선출된 자들은 일단 전업 정치인이 된 다음에는 더 이상 시민들의 통제를 받으려 하지 않는다. 시민 기술은 시민들이 보다 더 적극적으로 개입하여 결과물을 요구할 수 있게 해준다. 각종 사업 계획을 시민참여 예산에 따라 제안하도록 하는 것이다. 그러니 보다 나은 방식으로 시민들을 대표하며 도시를 만드는 지렛대가 된다. 요컨대 시민 기술이 민주주의를 바꿀 수 있는 것이다. 우리가 더 큰 참여정치, 순환경제, 도시농업으로 나아가, 사회적 분열에 맞서 싸우는 모든 이들을 연결하는 설계자로서 투쟁해야 한다. 이러한 시도들은 공동자산(bien commun)의 가치를 높

---

1 시민 기술(civic tech)은 인터넷과 디지털 기술을 이용한 시민 참여 플랫폼과 모바일 앱을 칭하며, 주민 참여 예산, 온라인 청원, 주민 소환 관련 온라인 플랫폼 등이 있다. - 편집자

이는 일이기에 매우 중요하다.

  디지털의 역할은 앞으로 치르게 될 새로운 전투에서 대단히 중요하다. 도시 공통계로 대표되는 전환의 세계를 탐사하려면 반드시 치러야 할 전투이다. 이를 이론화한 공로로 2009년 여성 최초로 노벨경제상을 수상한 엘리너 오스트롬은 자신의 저작에서 도시 공통계가 민주적 삶을 심화하고 우리가 사랑하는 도시에 한층 깊이 개입하기 위한 새로운 수단임을 실증적으로 보여주었다. 함께 행동하고, 삶의 질을 위해 필요한 모든 자원을 보호하겠다는 약속은 공기, 물, 생물다양성, 공공 공간, 그늘, 데이터, 생활 규칙, 규제, 결정 방식 등에서 구체화된다. 이러한 자원뿐만 아니라 연대감, 경제적-생태적-사회적 혁신을 모두에게 제공하기 위해서는 공통계를 강자의 법, 과도한 상업화로부터 보호해야 한다. 특정인의 이익을 떠나 공동의 이익과 공공 서비스의 품질을 향상시키는 쪽으로 도시 주민들의 미래를 건설해나가는 것이 관건이다.

  즉 도시 공통계를 개발함으로써 다음이 가능해진다.[2]

- 상업 논리의 도시 장악을 막는다. 시민이 디지털 공동자산을 소유하여 삶의 질과 가치, 노동의 질을 파괴하는 플랫폼 – 에어비앤비, 우버, 아마존 – 에 대항해서 싸우며 부동산 투기 개발에 저항한다.

---

2 이 제안들은 '모두의 파리(Paris En Commun)'로 발전되었고, 2020년 파리 시장 선거에서 안 이달고는 이를 매니페스토로 채택했다. https://annehidalgo2020.com/manifeste-le-programme/

- 공공 서비스를 지킨다. 시정 운영자가 내리는 모든 의사 결정에 시민들이 참여할 수 있도록 중요한 역할을 한다.
- 도시에서 표현의 자유가 보장된다. 도시의 힘이 국가 권력보다 커진 오늘날은 도시에서의 의사 표현, 행동, 결정들이 존중받아야 한다. 이는 집단적으로 민주주의를 새롭게 하는 것이자, 시민과 지역에 발언권을 주는 것이다.
- 상업화에 저항, 공익을 보호, 서비스 품질을 수호하여 민간 부문과의 관계를 새로이 정립할 기회를 제공한다.

도시는 각종 생각과 경험이 맞부딪치고 한 데 섞이는 지붕 없는 실험실이다. 앞서 여러 차례 언급한 메데인은 이 점에서 매우 흥미로운 사례다. 나는 콜롬비아 메데인의 전임 시장 아니발 가비리아(현 도시연합[1] 의장)를 만난 적이 있는데, 그는 회복탄력성의 상징이 된 메데인의 혁혁한 변화가 완성된 데에는 역대 시 정부의 일관된 지원뿐만 아니라 민간과 학계, 사회단체들의 기여와 참여가 결정적이었다고 했다. 더불어 무엇보다 시민들의 지칠줄 모르는 헌신과 노력에 공을 돌렸다.

메데인이 2013년 〈월스트리트 저널〉, 시티그룹, 어반랜드연구소에 의해 세계에서 가장 혁신적인 도시로 선정되었으며, 2016년엔 싱가포르에서 도시 노벨상이라 불리는 '리콴유 세계도시상'을 수상한 것은 절대 우연이 아니다. 지하철, 메트로케이블, 굴절버스, 트램 같은 대중교통 인프라 구축, 시르쿤발

---

1 유엔 도시연합(Cities Alliances). https://www.citiesalliance.org/

라 공원 같은 대규모 프로젝트, 유기적인 생활단위 구획, 사회 기반시설 조성, 더 나아가 문화, 예술, 체육, 집회 시설 등 문화 인프라 형성, 특히 취약 지구를 대상으로 하는 강도 높은 사회복지 행정 등이 한데 어우러져 범죄율을 낮추는 지렛대 역할을 했다. 일련의 혁신은 정의와 기회 균등을 위한 싸움, 폭력에 맞서는 전쟁에서 얻은 결실인 셈이다. 메데인은 사회통합, 도시재생, 기술 도입을 성공적으로 융합시켰을 뿐만 아니라, 전 세계의 본보기라는 사실에 자부심을 느낀다는 것이 아니발 가바리아의 결론이었다.

우리의 미래는 기술일까? 이미 5G가 이전 세대와는 다른 디지털 기술과 서비스를 제공하며 확산되고 있다. 이러한 초고속 연결은 기술 종속과 오염의 원천이 될 것인가? 아니면 새로운 기회가 될 것인가? 현재 보다 백 배나 더 빠르다고 알려진 5G의 역량으로 고작 몇 초 만에 영화 30편을 다운로드할 수 있으며, 안정성 또한 무려 99.99퍼센트에 이를 것이다. 그러니 어마어마한 기술적 가능성이 우리 앞에 펼쳐질까? 사물인터넷으로 말미암아 새 시대가 열릴까? 가상현실이니 증강현실이니 하는 디지털 시뮬레이션, 사물 네트워크와 사용자 네트워크의 혼용이 지금까지와는 다른 차원으로 확대될까? 그 대가로 우리 생활에 보다 강한 지배력이 가해질까?

나는 5G를 둘러싼 토론이야말로 도시 개발 로드맵에 따라 초고속 연결 서비스를 상상해볼 좋은 기회라고 확신한다. 기후 문제 해결을 위한 투쟁은 유지하면서도, 이러한 기술 도약이 인간을 위한 도시, 살아있는 도시, 지속가능하고 회복탄력적인 도시를 만드는 데에 얼마나 쓰일지 헤아려야 한다. 때문에 지금껏 없었던 사용과 서비스의 새로운 경험치들 또한 쌓이기를 기원한다.

구글, 애플, 페이스북, 우버, 에어비앤비, 아마존, 알리바바와 그밖의 많은 기업들이 이른바 '소셜'이라는 이름의, 매우 간단하고 접근이 용이한 하이브리드 플랫폼으로 삶을 바꿔놓고 있다. 도시는 GAFAM[1]과 BATXi[2] 같은 플랫폼들의 격전장이 되어, 공유 경제라는 미명으로 전례 없는 가치 파괴와 해체를 일으킨 디지털 포식자가 범람하고 있는 곳이 되었다. 제일 큰 타격을 입은 패배자는 도시와 도시에서의 삶, 지역과 국가의 일꾼들일 것이다.

우리의 디지털 주권 동요, 상시적인 데이터 유출, 데이터 센터 ─ 어차피 특정 국가의 힘이 미치지 않는 곳에 자리한다 ─ 의 국외 이전은 경제적, 사회적 동력이 상실되는 문제를 넘어선다. 프랑스는 서비스를 창조하는 전투에서 패배했음을 인정해야 한다. 프랑스의 경제를 뒤흔든 페이스북, 애플, 에어비앤비, 우버, 아마존, 넷플릭스, 알리바바, 샤오미 같은 디지털계 거인과 기술 경쟁에서 지금까지 맞섰으나 허무하게 추월당했다. 더 고약한 것은, 수학이며 알고리즘, 디자인 분야에서 뛰어난 기량을 제대로 발휘할 수 있도록 역량을 키우지 못했다는 점이다. 프랑스는 이 세계 기술대전을 무력하게 지켜보고

---

1 Google, Apple, Facebook, Amazon, Microsoft
2 Baidu, AliBaba, Tencent, Xiaomi

만 있었다. 지금까지는 기술이 우리의 삶을 해킹했다. 그러니 이제는 그 과정을 뒤집어서 우리가 기술을 해킹해야 할 때가 되었다. 우리가 서비스 디자인 분야에서 이 힘겨루기에 성공한다면 약탈적 기술 모델의 포로 상태에서 벗어날 수 있을 것이다.

영토 관련 데이터는 도시문제의 핵심이니만큼 디지털 주권이 구축되어야 한다. 지역 규정에 따라 모든 단계의 이해 관계자들, 특히 토지 사용자와 의사결정권자들이 대화할 수 있도록 디지털이 활용되어야 한다.[3] 도시 자원에 대한 시간대별 수요와 수요의 변화 추이를 시각화함으로써 지방자치단체들과 서비스 운영자, 국토개발자, 주민들에게 진단, 시뮬레이션, 참여, 결정에 필요한 도구들을 제공한다. 공정한 전투에서 영감을 얻어 보자.[4]

실제로 토론토에서는 알파벳(구글의 모회사)의 자회사인 '사이드워크 랩스'와 토론토시 사이에 도시 개발(온타리오 호수 연안을 개발하는 키사이드 프로젝트)을 놓고 힘겨루기가 벌어졌다. 결국 사이드워크 측이 패배했고, 이는 데이터 거버넌스와 민주적 결정에 따른 규제 입장의 승리를 의미한다. 즉 필연적으로 뒤따르는 통제력 상실의 위험을 인정한 것이다. 최대 쟁점은 물리적 공간에 이종교배되는 디지털의 역량이었는데, 도시계획적 접근이 아니라 디지털적인 접근으로 공공

---

3   Jacques Priol, Le Big Data des territoires, Éditions FYP, 2017.
4   Id., Ne laissez pas Google gérer nos villes!, Éditions de L'Aube, 2020.

공간이 민영화되고 있기에 더욱 문제가 되었다. '데이터 익명화'를 약속했음에도 불구하고, 기술력은 사용자를 재식별하고 정보를 수집해, 체계적으로 디지털 프로파일링까지 하고 있었다. 여기에 위치 추적이 결합되자 #BlockSidewalk 시민모임[1]은 이 프로젝트에 반기를 들고 나섰으며 "키사이드 프로젝트로써 구글은 모든 거리와 보도, 즉 일반적으로 공권력이 관할하는 공공의 영역을 금융시장으로 바꾼다"고 주장했다. 결국 법원은 이들의 손을 들어주었고, GAFAM의 일원이 구상한 도시 프로젝트는 폐기되었다.

    미래를 위한 유비쿼터스는 영토 데이터에 달려 있다. 이 데이터는 미래 도시 전환의 중심축이라 할 수 있다. 공공 자산이자, 기반시설과 공공 정책의 효율성을 위해 가치 있게 사용되어야 할 부(富)이다. 무엇보다도 앞으로는 디지털이 서비스(원격의료, 전자서비스, 지역 미디어, 전자 예약, 교육에 대한 접근, 생활필수품의 근거리 유통 등) 제공자가 될 것이다. 그렇게 된다면 생활하는 장소 가까이에서 필수적인 사회적 기능을 제공하고, 기존 인프라의 사용 방안을 다양화함으로써 15분 도시와 30분 영토를 둘러싼 근접 지역의 재활성화를 기대해 볼 수 있을 것이다.

---

1 https://www.blocksidewalk.ca

디지털 기술과 함께 사회적, 경제적, 문화적 상호작용은 전반적인 기능의 혼합에 일조할 수 있다. 디지털 플랫폼에 근접 서비스를 접목하면 데이터 수집과 디지털 주권 방어를 위해서도 주요 도구가 된다. 또한 사회적 삶의 질이란 지수에 기초하므로 최적화된 도시와 영토 변화를 계획할 수 있다. 그 목표는 시각화, 진단, 시뮬레이션 등으로 미래의 행동을 개발하는 것이다. 그리하여 디지털 기술을 통해 다양한 기능을 현실에 제공한다. 따라서 복지의 세 가지 원천을 극대화하고자 한다.

- 개인적 원천. 각자를 위하여, 가족과 가까운 사람들을 위하여 (가용시간 확충)
- 사회적 원천. 이웃과 더불어, 동료와 더불어 (사회적 관계 확장과 긴장감 완화)
- 전 지구적 원천. 포용적이고 지속 가능한 (타인, 자연, 자원에 대한 존중)

주파해야 할 거리를 줄여 도시에서 유용한 시간을 확보하게 되면 사회적인 삶의 질이 높아진다. 사회적인 삶의 질이라는 개념은 국내적 또는 국제적인 기준을 말해줄 도시의 지표가 된다. 우리는 각자 걸어서 또는 자전거를 타고(그 외 탈/저탄소 방식의 이동 수단으로) 반드시 필요한 여섯 가지 수요에 15분 내에 접근하려고 한다. 그 여섯 가지 수요란 다음과 같다.

- 주거. 수요가 가장 많은 곳에 가능한한 저렴한 가격의 주거 시설을 마련한다.
- 일. 각 동네마다 다양한 일을 촉진하고, 일자리의 균형을 맞추는 수준에서.
- 생필품 조달. 식료품 판매를 포함하여 일련의 상업 활동이 보장되어야 한다.
- 건강. 모든 분야와 수요를 충족시킬 스포츠 활동, 보건의료 서비스.
- 학습. 인종, 사회적 지위 등 다양한 문화적 배경을 가진 이들의 혼합을 보장하는 학교 교육, 모든 연령층에게 원하는 배움을 제공.
- 자아실현. 여가와 문화 활동의 접근성을 높일 뿐 아니라 만남과 공적인 교류를 위한 장소, 숨 쉴 공간, 녹색 공간 등을 늘인다.

영토 데이터는 도시에서의 삶을 쇄신시키며, 도시 삶의 생태계가 가치를 창조하기에도 매우 유용하다. 개인을 위해 다양한 사회적 기능이 제공되는 곳의 위치를 단순하고도 손쉬운 방법으로 시각화해준다. 그런가 하면 시장은 영토의 결함을 더 잘 찾아내 정책을 바꾸거나, 시민들의 요구에 부합하는 장기적인 비전을 제시할 수 있다. 이러한 전 과정은 지리 정보와 영토 데이터가 연계되어 교차 연결(자원-인프라-서비스-사용)을 생성하기 때문에 기존 방안을 개선하거나 변화를 예측할 수 있는 것이다. 여기서 생성된 지표는 영토의 역동성을 판독할 수 있는 첫 번째 틀(체계)이 된다. 또한 그 이상으로 시민들의 의사결정을 지원하는 도구가 될 것이다. 이 모든 것이 균형잡힌 개발 시나리오 계획과 더 나은 서비스를 제안하는 데에 필요하다.

 이제 도시는 가능한한 수단을 동원해 우리 삶을 뒤흔드는 플랫폼들의 폭주에 대항하는 군건한 요새로서의 입지를 굳혀야 한다. 우리 손으로 뽑은 시장들이 규제를 천명해 부정적인 영향력을 제한해야 한다. 서비스 디자인은 사용자의 관점에서 서비스 형태에 접근하는 구상 방식으로서, 지금까지는 오로지 기술적 접근만이 가치를 창출하는 것으로 간주되어 소홀히 다루어졌다. 파리시의 공공자전거 이용 서비스 '벨리브'가 성공한 것은 디지털 기술을 이용해 가용성을 디자인한 하이브리드 디자인 역량에 있었다.

 리처드 세넷은 흥미로운 삼부작[1]의 마지막 《짓기와 거주하기》에서 언제나처럼 개척자 정신을 가득 담아 '도시 윤리학'을 요구한다. 즉 그가 말한 '유능한 도시'의 정신을 개발하라는 호소다. 이 같은 도시 윤리의 핵심은 때로는 매우 힘들고 디나지도 않고, 대체로 이루기 어려운 '개방성'이다. 즉 정신, 사고방식, 개인의 태도, 이해관계자 및 도시를 만드는 모든 사람

---

1 호모 파베르 삼부작. The Craftsman[2008](장인, 21세기북스, 2008.) Together: The Rituals, Pleasures, and Politics of Cooperation [2012](투게더: 다른 사람들과 함께 살아가기, 현암사, 2013.) Building and Dwelling: Ethics for the City, Farrar, Straus and Giroux[2018](짓기와 거주하기: 도시를 위한 윤리, 김영사, 2020.)

이 취해야 할 개방성이다. 거기에 더해서 주민의 일상이 이루어지는 건물과 건물의 형태, 도시공간의 구성 그 자체이기도 하다. 리처드 세넷은 사회적으로 변화를 수용하기 위해 도시 윤리가 반드시 필요하며 형식과 실체가 결합되어야 한다고 역설한다. 도시의 사회성을 함양하는 것은 곧 타자성을 배양하는 것으로, 편견에서 자유로운 관점을 갖거나 편견을 극복하는 데 도움이 된다.

오늘날 도시는 서비스 디자인이 전위적 혁신, 그러니까 사용자들을 위해 새로운 것을 창조하면서 디지털의 역동성을 결합하기에 더없이 좋은 장소다. 도시의 힘은 여러 분야의 수렴에서 생겨난다. 혁신이 오로지 기술만의 혁신이 아닌 이상, 사회통합이 사회학자들만의 관심사가 아니며 디자인도 오로지 사물에만 국한된 것이 아니다. 서비스 디자인에는 창의적 인재, 인문과학이나 인지과학 전문가(사회학자, 경제학자, 인류학자 등), 디지털 기술 전문가 등이 두루 결부된다. 뿐만 아니라 지금까지 '위로부터', 즉 공공 또는 민간 부문 활동(제도, 브랜드, 기업)에 의해 사용자에게 강제된 서비스보다, 사용자로부터 출발해 그들의 기대와 경험에 훨씬 적절한 새로운 사용과 서비스를 만들어낸다는 특성이 있다.

서비스 디자인과 도시 공공 서비스라는 두 개념의 만남은 중요한 실험의 장을 열어준다. 내가 도시들, 디자인 학교, 디지털 창작소, 그리고 인문과학 및 인지과학 연구소의 융합이 한층 더 강화되어야 한다고 보는 것도 다 그런 이유 때문이다. 내일의 도시는 여러 학문들 간의 상호 연관성, 칸막이 허물기, 경계를 움직이는 프로젝트 등이 필요하다. 나는 기술의 최선을 찾아, 도시를 재발명하고 사회적 연결을 다시금 돈독하게 하는 방향으로 이용해야 할 것이라고 장담한다.

결론

코비드-19와 더불어 오늘을 살아가기

그렇다면 내일은?

코비드-19는 우리 삶의 깊숙한 곳까지 뒤흔들어 놓았다. 중국에서 코로나 바이러스가 출현한 이후에 실시된 격리 조치로 전 세계 인구의 절반 이상이 집안에 갇혀 지내는 경험을 했다. 팬데믹의 불확실한 추이를 고려할 때, 이 위기가 우리에게 끼칠 영향을 제대로 예측하기란 불가능하다. 어찌되었든 수억 명의 일상생활이 완전히 달라졌다. 앞으로 얼마나 더 오래 이런 상황이 계속될 것인가? 지구의 여기저기 도시들은 텅 비었고 거리엔 인적이 끊겨버렸다. 많은 사람들이 모이던 공간은 폐쇄되거나 출입이 제한된다. 도시의 맥박은 느려졌으며 풍경도 달라졌을 뿐 아니라 도시의 심장부와 기능, 특히 우리가 일하고 이동하는 방식과 관련한 기능들은 허둥지둥 변화를 맞았다. '이후의 세계'에 대한 담론이 미디어 공간을 도배한 가운데, '코비드-19 이전 세계'와 비교할 때 단절 수준일 것이라는 전망이 지배적이다. 코비드-19 이전 세계란, 크게 걱정 없이 화석 에너지와 자원을 무제한으로 사용하며, 기후 위기와 생물다양성 상실에 직면하여 마비 상태에 이른 도시에 준비된 해답인 양 기술만능주의 답을 항상 들이미는 생산주의-소비주의적인 세계였다.

    그런데 과연 '이후의 세계'가 있긴 할까? 실제로 이번 팬데믹은 우리에게, 지금 여기에서, 2019년 연말만 해도 아무도 상상하지 않았을 복잡성과 대면하라고 종용한다! 나는 이탈로 칼비노와 그가 쓴 《보이지 않는 도시들》에 대한 언급으로 이 글을 시작했다. 공교롭게도 유럽에서 코비드-19 위기는 이탈리아, 그중에서도 이 나라의 허파이자 경제수도가 있으며, 유럽의 중요 지역들 가운데 하나인 롬바르디아주에서 시작되었다. 지금까지도 이해하기 어려운 바이러스의 역설이라고나 해야 할지, 이 코비드-19 위기의 출발점은 거의 알려지지 않은 인구 1만 5천 명의 소도시 코도뇨였다. 밀라노에서 60킬로미터 떨어진 이곳은 2019년 2월 28일 첫 '슈퍼 전파자'가 확인되면서 '이탈리아의 우한'이라는 불명예를 안았다. 그런가 하면 코도뇨에서 2백 킬로미터 떨어진 또 다른 '보이지 않는 도시' 보유가네오(인구 3천 명)에서는 최초의 코비드-19 사망자가 발생했다. 이탈리아 전체 사망자 3만 5천 명 가운데 절반 이상이 롬바르디아주 출신으로, 이 지역은 위기를 맞아 무거운 희생을 치른 셈인데 지금까지도 그 여파가 계속된다.

    베르가모 대학의 국토연구센터가 발표한 연구 내용은 흥미진진할 뿐 아니라 이번 재앙의 근원에 대해서 매우 중요한 가르침을 준다. 그런데 코비드-19로 촉발된 일련의 사건들은 보건 분야에서 도시와 국토의 복합적 요인이 가져온 위기라는 점을 배제하고는 접근하기 어렵다. 즉 "사회 현상의 공간적 차원을 인식하는 것이 기본적으로 중요하다."[1] 이 세계적인 비극의 진앙은 소도시들이었지만, 바이러스의 강한 확산력을 설명하는 데에는 "현재 우리의 거주 방식, 즉 이동이 잦고 도시에 모여 사는 방식도 밀접하게 관련이 있다." 인구 천만 명을 거느린 롬바르디아주[2]는 주거지는 다중심적이지만 일자리는 여전히 밀집되어 있는데, 이는 밀라노라는 대도시의 흡인력이 워낙 강력하기 때문이다. 밀라노의 경우, 거주지-일터 사이의 이동이 전염병 확산에 핵심적으로 작용했다.

베르가모 대학 국토연구센터는 매우 다양한 데이터들을 교차시키면서 통합 교육, 통근 이동, 도시 리듬에 따라 생성되는 노동지도 등과 연계된 사회적 영토의 역학에 특히 역점을 두었다. 이는 다중심적이고 리좀적인 관점[3]에서 접근하는 방법 (Urban Nexus Approach)[4]이자 다학제적 비교연구 방법으로,

---

1 Centro Studi del Territorio, Pourquoi Bergame ? Analyser le nombre de testés positifs au Covid-19 à l'aide de la cartographie. De la géolocalisation du phénomène à l'importance de sa dimension territoriale. https://medium.com/anthropocene2050/pourquoi-bergame-5b7f1634eede
2 유럽 통계청(Eurostat). 2019.
3 J. Lévy, T. P. L. Romany & O. P. Maitre, Rebattre les cartes. Topographie et topologie dans la cartographie contemporaine, Réseaux, vol. 34, p. 17-52, 2016. https://www.cairn.info/revue-reseaux-2016-1-page-17.htm
4 The Urban Nexus Approach for Analyzing Mobility in the Smart City : Towards the Identification of City Users Networking, https://www.hindawi.com/journals/misy/2018/6294872/

스위스의 로잔 연방공과대학의 자크 레비가 사용한 방식이기도 하다.

'이후의 세계'를 생각한다는 것은 늘 매혹적이다. 위기의 핵심 – 도시 생활의 근접성에 등을 돌린 생산과 소비, 이동 방식 – 을 재고하지 않으면서 그저 '위대한 저녁만찬'만 상상한다면, 그건 막다른 골목으로 들어서는 것이다. 반드시 필요한 변화는 지금까지와는 다른 도시 리듬을 통해서, 다중심적 삶의 구축을 통해서, 일과 주거의 새로운 관계 정립을 통해서 가능하다. 유익한 시간에 대해서는 그 어떤 고려도 없이, 각자가 한 곳에서 다른 곳으로 '더 빨리, 더 멀리' 이동하도록 하며, 도시에서 획일적인 박자로 움직이는 우리의 삶은 철저하게 바뀌어야 한다. 가까운 사람들에게 할애할 수도 있을 시간을 앗아가는 이러한 이동은 우리를 일종의 피로, 무기력 상태로 몰아간다. 심지어 이런 상황에서 타인에 대한 두려움, 다름에 대한 경계심을 느끼게도 한다.

이제 우리가 단기간에 해결해야 할 위기는 사실 기회이기도 하다. 도시가 아니라 도시에서의 삶을 다시 생각하는 기회, 삶의 회복력을 근접성에서 찾을 기회, 집 가까이에서 누릴 수 있는 최대한의 서비스를 개발할 기회, 지금까지와는 다른 시간성, 활동적인 저탄소 이동 방식(걷기나 자전거, 전동 스쿠터 등)으로 옮겨갈 기회이다. 이렇게 되면 가까운 다중 서비스가 탄력받을 수 있다. 다시 말해서 시민들이 기본적인 사회 기능 – 주거, 일, 생활필수품 조달, 보건의료, 교육, 자아실현 – 에 적극적으로 접근할 수 있게 된다는 점이다.[1] 모름지기 저마다 가족과 함께 개인의 행복을 증진시켜 이웃, 동료들과 더 활기차게 살고 지속가능하고 통합적인 지구와도 조화로울 수 있을 것이다.

    도시의 탈중앙집중화는 생태적 인본주의의 미래를 열어준다. 이것이야말로 요즘처럼 심란한 시대에 새롭게 부상해야 하는 새로운 지평이 아니겠는가. 다시금 시간이, 유익하고 창의적인 시간이 존재하는 도시. 내일, 우리가 이 어려운 순간들을 뒤로 하게 되었을 때에도 이 도약을 유지해야 할 것이다. 그리고 멀리 떨어져 있는 일터로 매일 출근하는 일이 실제로 필요한 기능이라기보다는 강제된 위계 구조를 유지하려는 일종의 습관임을 기억해야 할 것이다. 적절한 시기에 로드맵이 제대로 수립된다면 모든 도시에서 새로운 지평은 가능하다. 격리가 시작되고 기업들이 시급하게 원격 근무 시스템을 재구상할 때, 사람들은 업무에 중요 걸림돌로 작용하던 것을 제거할 수 있다는 사실을 깨달았다.[2] 여기저기에서 채택한 유일한 해결책이 '격리'였고, 그 때문에 경제적 사회적 위기가 심화되면서 삶이 마비될 때, 연대감과 상호부조 체제를 수립할 수 있었던 것은 도시와 영토의 근접성과 더불어 '15분 도시'와 '30분 영토'였다. 15분 도시와 30분 영토야말로 행복한 삶을 지속할

---

1 Carlos Moreno, Cette crise sanitaire est l'occasion de penser la ville du ¼ d'heure, Le Monde, 2020. 3. 20. https://www.lemonde.fr/economie/article/2020/03/20/cette-crise-sanitaire-est-l-occasion-de-penser-la-ville-du-quart-d-heure_6033777_3234.html

2 프랑스 건설협회(FNTP) 대표인 브뤼노 카바네의 저서를 참조. Nos territoires brûlent. Redonner du pouvoir au local, Le Cherche-midi, 2019.

수 있는 축이며, 도시 구조의 취약성을 타개하고 주민과 영토 사이의 관계를 개선하는 데 없어서는 안 될 축이다.

    1997년 9월 4일, 위대한 건축가이자 지식 전달에 누구보다도 적극적이었던 스승 알도 로시는 밀라노에서 자동차 사고로 사망했다. 그는 그가 이룩한 뛰어난 업적을 세계적으로 인정받아 1990년 프리츠커 상[1]을 수상했다. 나는 이 책의 마지막 몇 줄을 그에게 바치려 한다. 알도 로시는 재앙이 도시에 변화를 촉발한다기보다 이미 상상되어왔던 변화에 속도를 더해줄 뿐이라고 말했다. 이 얼마나 적확한 생각인가. 더구나 그가 태어난 도시가 팬데믹의 직격탄을 맞고 위기에 빠져들었으니 말이다.

    도시에 대한 과거 기억과 미래 사이를 오가며 알도 로시는 항상 변화의 지렛대라고 할 수 있는 정체성을 찾아다녔다. 제2차 세계대전 후, 이탈리아 전후 건축의 출발을 알린 라텐덴차 운동[2]과 더불어 그는 기능주의에 문제를 제기했다. 도시의 뿌리를 파고 들어 유형형태론[3] – '시간과 공간에 퇴적되는 것' – 을 주장했으며, 도시의 역사에서 자산을 재발견하고, 도시가 지닌 역사의 모순을 간파하여 미래에 투사하려고 했다. 알

---

1   노벨상에 해당하는 건축상.
2   라텐덴차(La Tendenza), 이탈리아 건축 1965-1985, 퐁피두 센터. http://mediation.centrepompidou.fr/education/ressources/ENS-Tendenza/index.html
3   La typomorphologie, un outil indispensable à la compréhension du territoire, Regards Territoire, no. 89, Agam, 2019. 12. http://agam-int.org/wp-content/uploads/2019/12/89-Typomorphologie.pdf

도 로시 자신은 어떤 범주로든 '분류'되는 것을 피하고 싶어 했으나, 세간에서는 그를 포스트모더니즘의 아버지라고 불렀다. 1966년에 그는 첫 저서 《도시의 건축》[4]을, 그리고 1998년에는 《학문적 자서전》을 출간했다. "기능은 시간에 따라 달라진다. 이는 언제부턴가 내가 궁전이며 원형극장, 수도원 또는 저택의 변화를 늘 관찰하면서 도시와 시민사회의 역사에서 끄집어내는 가설들 가운데 하나다. 《도시의 건축》에서 나는 다가구가 살고 있는 오래된 궁전, 학교로 쓰이는 수도원, 축구장으로 변한 원형극장을 볼 때 이런 생각을 한다고 말했다. 이러한 변형은 그 어떤 건축가도, 어떤 명민한 행정가도 개입하지 않았을 때에 훨씬 더 성공적이다."[5]

프랑수아즈 아놀드 감독의 영화 〈알도 로시의 가설〉[6]에서 아닉 스페이는 "알도 로시는 집단 기억 속에 뿌리내리고 있는 도시 형태를 창조함으로써 도시의 이질성에 어떻게 규율을 부여할 수 있는지를 학생들에게 가르쳤다.[7] 가볍고 가역적인 도시화, 일시적인 투자, 제한된 개입... 끊임없이 감동을 형태로 변모시켰다. 더 나은 변화를 위해 기존의 것과 줄기차게 대화를 이어왔던 건축가의 작업을 척도 삼아 오늘날에도 실행

---

4 Aldo Rossi, L'Architettura della città[1966](도시의 건축, 동녘, 개정판, 2006.)
5 Aldo Rossi, Autobiografia scientifica[1990](학문적 자서전, 소오건축, 2006.)
6 프랑스 국립영화영상센터(CNC), 2012. https://imagesdelaculture.cnc.fr/-/hypothese-aldo-rossi-l-
7 알도 로시는 밀라노 공대, 베니스 건축대학, 취리히 연방공대의 교수였다.

에 옮기면 좋을 '재활용 이론'"⁸이라며 해설했다.

  오늘날까지도 살아있는 그의 업적은 연결과 만남을 주도하는 도시 공간의 변화를 가다듬고 집단 기억을 진작시킨다. 이러한 접근 방식은 하나의 정체성을 지닌 장소들에서, 다른 도시 형태, 다른 용도와 혼성화하여 특이점을 찾아 나서는 것에서 출발한다. 가령 도시를 거니는 보행자들이 단순히 보행자에 머물러 있지 않을 때, 도시는 비로소 우리 앞에 제 모습을 드러낸다. 가령 그들이 도시에서 사는 주민이기도 해서 공공 장소에 정착할 때가 그런 순간이랄 수 있다. 남녀노소 구별 없이 마음 내키는 대로 산책하고 각자의 방식으로 도시 공간을 점유할 때 도시에서의 삶이 되살아난다. 이렇게 하는 것이 우리 도시에 숨결을 불어넣고, 도시를 한결 더 활력 넘치고, 인간적이며 호의적으로 만드는 길이다. 그때 비로소 우리는 이탈로 칼비노의 질문에 "네"라고 답할 수 있을 것이다. 우리에게 의미와 감동, 감각, 그리고 우리의 자존감을 되찾는 행복을 안겨주는 도시가 어디에 있는지 알게 되었으므로.

---

8 알도 로시의 가설(Aldo Rossi Hypothesis), 2014. https://imagesdelaculture.cnc.fr/web/guest/-/l-enseignement-d-aldo-rossi?inheritRedirect=true

읽고 나서

파리는 모든 도시 전문가들이 불가능하다고 고개를 흔들던 과제, 즉 사람들이 하루 24시간 내내 돌아다니는 대도시의 근본적인 전환에 성공했다. 실로 대단한 공적이다. 이 공적이 무엇보다도 중요한 건 세계를 상대로 우리가 우리의 대도시를 바꿀 수 있다는 사실을 새삼 일깨우기 때문이다. 그렇다, 교통을 다양한 방식으로 우회하는 일은, 너무 많은 전문가들이 불가능하다고 주장했음에도 가능해졌다.

세계의 대다수 대도시들은 그들이 달성한 성장이 희생물이다. 이 점에 대해서 도시 전문가들은 일반적으로 동의한다. 그 말은 그들이 이러한 상황 앞에서 자주 무력하다는 뜻이기도 하다. 낡은 건물을 허물고 새 건물을 올리는 것은 통상적으로 마주치는 일이다. 우리는 그것만이 도시를 바꾸기 위해 할 수 있는 유일한 일이며, 우리가 할 수 있는 거라곤 그토록 미미한 일 뿐이라고 믿는다.

그런데 파리는 다수가 불가능하다고 했던 일이 가능하다

는 것을 보여주는데, 사실 그러려면 우리의 선입견, 특히 지속적인 교통 흐름이 있는 대도시는 도저히 어찌해볼 도리가 없다는 고정관념과 철저하게 결별하지 않으면 안 된다. 우리가 관찰한 가장 극단적인 선택지는 일본이라 할 수 있는데, 이 나라에서는 근로자들이 기존 도로를 보수하고 새 도로를 건설하는 작업을 한밤중에만 진행한다.

디지털 시대를 사는 도시계획가들조차 파리에서의 변화들을 고려하지 못했다. 파리 시장 안 이달고와 시장을 보좌하는 실무 팀은 카를로스 모레노의 식견을 받아들여 우리에게 그것이 가능함을 보여주었다. "네, 됩니다." 라틴 아메리카의 활동가라면 이와 다른 경우였을지라도 그렇게 답했을 것이다.

이 모든 것은 혁신이란 아주 현실적인 도전이라, 아마 전쟁도 불사해야 함을 환기시킨다. 그 전쟁은 주민들도 논의에 참가해야 하는 전쟁이 되어야 한다. 파리 같은 세계도시엔 자기 동네를 더 낫게 만들 수 있는 좋은 생각을 가진 주민들이 차고 넘친다. 파리시의 책임자들은 일반적으로 그렇듯이 전문가들의 말만 듣는 것이 아니라 이들 주민들의 말까지 경청하는 슬기로움을 발휘했다.

파리시의 사례는 한 도시의 변화에 대한 많은 제안들이 기존 옵션을 벗어나면 너무도 자주, 진지한 검토 없이, 전문가들이라는 자들에 의해 내쳐진다는 사실을 강조한다. 파리시가 실행에 옮기기까지는 대단한 용기가 필요했음을 잊지 말아야 한다. 또한 이를 역사의 전환점으로 기억해야 하며, 하나의 도시, 심지어 교통 흐름이 잠시도 쉬지 않는 대도시에서, 전문가들이 아무리 "절대, 불가능하다"고 해도, 변화의 태세를 갖출 수 있음을 새겨야 한다.

도시는 하나의 도시가 필요로 하는 모든 시스템 – 물, 교통, 안전, 쓰레기, 친환경 건물, 청정 에너지 등 – 을 관리하는 도시 기술들의 살아있는 실험실이 된다. 도시의 시스템을 만들고 실제로 경험하고 시운전해보며 새로운 발견에 이르는 방식이 이러한 새로운 접근법에 달려 있다.

이 같은 본질적인 변화는 안 이달고 시장의 정치적 용기와 뛰어난 혁신가 카를로스 모레노의 공헌이 합작해서 만들어낸 성공작이다. 중요한 점은 수많은 도시들이 현재 파리의 사례로부터 배우고자 하며, 이 변화의 일부를 그들의 도시에서도 시도해보고자 한다는 것이다. '15분 도시'는 주민들을 위해 가장 좋은 길을 고려하는 도시 조직 모델이 되었다. 교통 문제에만 초점을 맞추기보다 주민들의 필요를 고려했는지 여부가 결정적인 차이라고 할 수 있다.

사스키아 사센
뉴욕, 컬럼비아 대학교

감사의 말

　이 책은 도시 세계를 관통하는 긴 여정의 기록으로서, 여러 해 동안 연구를 거듭하면서 써온 글들과 강연, 대담, 증언, 수필 등의 종합이다. "단 하나의 진정한 여행, 유일한 청춘의 원천은 새로운 풍경을 찾아나서는 것이라기보다 새로운 눈을 갖는 것"이라고 마르셀 프루스트는 말했다.[1] 나는 이 책 속에 나의 비전, 내가 확인한 사실, 나의 제안들을 기록했을 뿐만 아니라 추억, 감각, 실제 겪은 순간들도 차곡차곡 쌓아두었다. 그 모든 것이 나의 삶을 구성하며, 내 삶 속에서 어디까지는 학자의 삶이고 어디까지는 열정적이고 호기심 많은 한 남자의 삶인지, 세계를 주유하는 나그네의 삶인지 나누기가 솔직히 매우 어렵다.

　이제 이 책이 나오기까지 조언하고 곁에서 지켜보며 도움을 준 여러 사람들에게 감사의 마음을 전할 시간이다. 그들이 없었다면 이 책은 세상으로 나오지 못했을 것이다. 나는 한 대담 자리에서 다비드 데켕빌을 만났는데, 도시에 대한 그의 교양과 열정에 금새 매료당했다. 그는 나처럼 도시와 도시 권역은 물론 글쓰기에도 열렬한 관심을 가졌다. 이 책이 세상에 나오도록 방향을 잡고 시동을 걸었으며, 끝까지 고집스럽게 밀어붙여 주었다. 그는 이 모험에 함께한 나의 동행이자 친구, 둘도 없는 조력자였다. 크리스틴 드빌푸아는 다비드와 함께 지친 기색도 없이 내 원고를 읽어주고 적절한 조언을 아끼지 않았다. 이 글을 빌어 고마움을 전한다. 내 소중한 친구 세르주 오뤼는 내가 몰두할 수 있도록 그가 아끼는 코르시카의 평온하고 멋진 장소들로 데려가주었다. 거기에 더해 일단의 친구들 – 특히 제롬과 크리스토프 – 까지 내가 최적의 환경에서 글을 쓸 수 있도록 물심양면으로 도와주었다. '에토스' 모임 친구들 – 장프랑수아, 엘자, 로랑스, 주느비에브 – 도 한마음으로 나를 지원해주었다. 항상 품격 있고 유쾌한 대화 상대가 되어준 도미니크 알바에게도 감사한다. 이 책이 완성되어 가는 과정을 지켜본 마틸드와 쥘리엣 또한 이 글에서 나의 마음을 읽어주기를 바라며, 출판사 롭세르바투아르의 편집자 뮈리엘 베이에와 세브린 쿠르토에게도 고마움을 표한다. 이 두 여인과 함께 일하는 것은 나에게 큰 즐거움이었다. 한 작가가 신뢰 속에서 일하는 데 필요한 모든 요소 – 교양과 인간미, 즐거운 기분 등 – 를 겸비한 재원들에게 감사!

마지막으로, 이 글을 통해서 원대한 비전과 개척자 정신, 강한 참여 의식을 모두 갖춘 파리시의 안 이달고 시장에게도

---

1   Marcel Proust, La Prisonnière[1923](갇힌 여인, 민음사, 2020.)

내 고마운 마음이 전달되기를 바란다. 용기 있는 여성 정치인을 향한 나의 우정은 도시에서의 우리 삶을 변화시키려는 좋은 생각들이 명멸하는 현장을 발로 뛰어다니는 기쁨과 앞으로도 늘 함께할 것이다. 조아나 롤랑, 장 로트네, 프랑수아 렙사망, 나는 이 공인들과 더불어 나 자신을 재충전하고 영감을 얻었다. 콜롬비아에서는 메데인의 전직 시장이자 내 친구인 아니발 가비리아와 그의 가까운 보좌관이자, 역시 내 친구인 뛰어난 건축가이며 인문주의자인 호르헤 페레스 하라미요에게 감사한다. 우리는 함께, 삶을 위한 도시를 향한 애정을 일관되게 공유한다. 파리1 팡테온-소르본 대학 IAE의 ETI 연구소 동료이자 친구인 디디에 샤보, 플로랑 프라트롱, 카트린 갈에게 어떠한 상황에서도 그들이 보여준 인내심과 변함없는 지지에 대해 감사한다. 그리고 파리 IAE의 책임자이자 내 친구인 에릭 라마르크에게도 감사한다.

고마움을 전해야 할 사람들의 명단이 너무 길어질 테지만, 그럼에도 나는 내 길을 밝혀주는 지식인 선배들에게 감사 인사 한 마디 건네지 않고 이 글을 마칠 수는 없다. 거의 100세가 되어 가는 복잡성의 사색가, 위대한 에드가 모랭을 알게 된 건 행운이었다. 사스키아 사센과 리처드 세넷도 마찬가지다. 우리의 삶, 우리의 도시, 우리의 영토에 대해 쉼 없이 성찰하는 두 거장은 보다 나은 세계를 위해 두 팔을 걷어붙였다.

이 모든 이들에게 감사!

도시에 살 권리
- 세계도시에서 15분 도시로

초판1쇄 펴낸날 2023년 2월 10일
2쇄 펴낸날 2024년 4월 16일

지은이 카를로스 모레노
옮긴이 양영란
펴낸이 강정예

펴낸곳 정예씨 출판사
주소 서울시 마포구 월드컵로29길 97
전화 070-4067-8952 팩스 02-6499-3373
이메일 book.jeongye@gmail.com
홈페이지 jeongye-c-publishers.com

표지 디자인 조형석 본문 조판 김준형
인쇄/제본 (주)현대문예 용지 한서지업사

ISBN 979-11-86058-51-0

이 책은 정예씨 출판사가 저작권자와의 계약에 따라 발행한 것이므로 본사의 서면 허락 없이는 어떠한 형태나 수단으로도 이 책의 내용을 이용하지 못합니다.

본문은 재생용지로 제작되었습니다.
책값은 뒤표지에 있습니다. 잘못된 책은 구입처에서 바꿔 드립니다.